합리적 선택

김정유

RATIONAL

CHOICE

도서출판 **범한**

사랑하는 아내와 아들 도원이에게

머리말

합리적 선택이론은 그 많은 비판에도 불구하고 이제 인간의 행위를 설명하기 위한 이론적 접근방식 가운데 단연 독보적인 지위를 확보하였다. 합리적 선택이론의 적용 가능성은 이제 사회과학의 전 범위를 넘어서 인문학과 자연과학에까지 미치고 있다. 경제학에서는 굳이 합리적 선택이론이라는 말을 쓰지 않더라도 이러한 사고와 분석방식이 경제학의 주류를 이루어 왔다. 정치학에서는 주류는 아니더라도 다른 어떤 대체적인 접근 방식보다도 더 큰 부류를 형성하기 시작하였다. 사회학에서도 작고한 Chicago대학의 Gary Becker나 James Coleman 등 대가들의 지원 아래 중요한 이론적 접근방식이라는 인식을 갖게 되었다. 심리학에서도 기대가치분석이라는 큰 틀 아래의 다양한 이론들과 맥을 같이 하고 있다. 인류학은 다른 사회과학에 비해 그 활용도가 제한적이지만 그럼에도 불구하고 최근의 문화, 사회인류학분야의 주요 논쟁의 중심에는 합리적 선택이론이 자리잡고 있다 할 수 있다.

이 책은 거창한 학문적 결과물들이라기보다는 합리적 선택이론이라는 창으로부터 바라본 세상 사는 이야기의 모음이라고 하는 것이 더 적절할 것이다. 얼마 살지 않은 인생이지만 인생의 경험을 통해 체득한 나의 생각들을 정리한 것이다.

게임이론을 배우겠다는 목표 하나로 스탠포드에서 경제학 박사과정을 시작한 이후 Nash, Arrow, Becker, Akerlof 등의 학문세계를 접하면서, 이 세상 모든 이야기를 경제학으로 풀어보겠다는 Becker교수의 야심에, Nash의 통찰력으로부터 비롯된 비협조적 게임이론의 사고방식을 적용하여 이 무한히 넓은 세상에서 Becker 교수가 보지 못했던, 하지 못했던 합리적 선택이론의 제2막을 열어보겠다는 것이 나의 삶의 목표였다. 하고 싶었던 말, 하고 싶은 말은 너무도 많지만 어찌 보면 내가 가장 처절하게 고민했던 삶의 부분은 보이지 않는 폭력이었던 것 같고, 나의 목소리는 대개 이러한 익명의 폭력에 대한 소리 없는 외침이었던 것 같다. 우리 힘없고 영어도 서투른 한국 유학생들이 겪었던 편견과 차별. 학위를 마치고 한국에 돌아오면 끝날 것 같았던 이 편견과 차별은 학문세계에 남아있는 한 영원히 계속될 것만 같은 이 잔인한 현실. 더 나아가 빈익빈 부익부 현상을 심화시키는 old boy network이라는 inner circle의 존재. 30세에 박사학위를 마치고 돌아왔던 당시 이 모든 것을 다 극복할 수 있을 것 같았던 젊은 패기는 20년 이상의 분투 끝에 거의 소진되고 이제 그 한계를 느낀다. 세상은 크게 바뀐 것 같지 않다. 그러나 나는 오늘도 뭔가를 고민한다. 조금씩이나마 세상이 바뀔 수 있을 것 같다면 계속 고민할 것이다. 좀 더 나은 세상을 위하여.

   마지막으로 20년 전 처음 인연을 맺어 어려울 때마다 물심양면으로 도움을 주신 범한 이낙용 사장님께 감사의 뜻을 전한다. 이 사장님의 아낌없는 후원이 없었다면 이 책은 세상에 나올 수 없었을 것이다. 또한 나의 모든 학문적 동반자들에게도 깊은 감사를 드린다.

天藏山 자락의 書齋에서

차 례

선입관에 대하여	11
표절과 인용	19
결심과 의지력	27
유행에 대하여	33
호기심에 대하여	39
일탈에 대하여	47
yes man과 no man	53
종교의 규범	61
후보단일화의 진실	67
더치페이에 대하여	75
좋은 스승이란	81
유머에 대하여	87
사기에 대하여	91
사회연결망과 선호적 연결	99
이타주의와 자기집단 중심주의	105

국가에 대하여	111
신목민심서	119
싼 게 비지떡	125
착한 사마리아인의 법은 필요한가	129
표현의 자유에 대하여	135
깨진 유리창	141
의료사고와 입증책임	147
유죄협상제에 대한 오해	153
잠재적 범죄자	161
신공유지의 비극	163
표시광고법은 소비자 보호를 위해 필요한가 또한 충분한가	169
네트워크 마케팅은 기회인가 사기인가	181
한정판매에 대하여	187
단골의 경제학	191
침묵의 소리와 공허한 말	195

선입관에 대하여

君子는 不以言擧人이요, 不以人廢言이니라.
– 論語 –

이 말은 내가 대학교 1학년 교양한문을 배우면서 유독 와 닿아서 아직도 기억하고 있는 문장이다. 어진 사람이라면 말로써 사람을 천거하지 않고 사람으로서 그 말을 폐하지 않는다는 말. "저런 사람이 하는 말 뭐 들을 것이 있겠나?"라든가 "저 사람이 한 말이니 틀림없겠지" 이 어느 것도 바람직하지 않은 삶의 자세라는 뜻일 것이다. 이 말이 어찌나 내 마음속에 꽂혔던지 그 이후 나는 아무리 하찮은 사람의 말이라도 그래서 모든 사람이 무시하는 말이라도 나는 그 안에 뭔가 있을지도 모른다는 아주 작은 가능성을 고려하려 열심히 경청하는 버릇이 생겼다. 반대로 아무리 석학의 말이라도 이를 곧이곧대로 믿기보다는 한 번이라도 의심하고 다시 생각해 보는 좋지 않은(?) 생활태도를 가지게 되었다. 그래서인지 나는 존경하는 은사도 별로 없다. 내 주변의 많은 사람들은 특히 석학 지도교수의 휘하에서 공부한 친구들은 지도교수를 거의 하느님 떠받들 듯 하면서 지도교수의 말이라면 절대불변의 진리인 양 여긴다. 나는 어찌 보면 그런 사람들이 부럽기도 하면서 (그렇게 존경할 수 있다는 사람이 있다는 사실이 부럽다는 것이다) 한편으로는 안타깝기도 하다. 그들도 완벽할 수 없는 일개 사람인데 어찌 보면 그릇될 수도 있는 그들의 언행에 의해 잘못된 확신을 갖고 있는 것은 아닌지. 그들은 논쟁 중에도 자신의 주장이 막히면 대가의 이름을 들먹이면서 "그 사람이 그렇게 말했는데?"라는 말을 자주 한다. 자기 생각은 없고 대가의 생각이니까 틀릴 리 없다는 식이다. 대가의 말이 옳은지 내가 옳은지 판단할 능력도 생각도 없어 보인다. 그래서 나는 수업시간에도 아무리 어눌한 학생의 시시한 것처럼 보이는 질문이라도 혹시 내가 중요한 점을 놓쳤을 수도 있기 때문에, 또 그랬다면 학생에 대한 모독일 수 있기 때문에 가능한 한 질문의 의도를 깊이 해석하여 최선의 대답을 해 주려고 노력한다. 위의 글귀를 되새기면서.

1999년에 유명한 행동경제학자들인 Rabin과 Schrag의 "첫인상은 중요하다(First impressions matter)"라는 경제학 논문을 읽으면서 문득 "선입관"이라는 단어를 떠올렸다. 그리고는 위의 논어의 글귀를 떠올렸다. 2500년 전 공자의 말씀이 현대사회에서도 진리로 남을 수 있는지 현대 경제학의 논리와 언어로 분석할 수 있다면, 그래서 그 해답을 얻을 수 있다면 남들이 알아주지 않더라도 이 얼마나 멋진 일일까라고 생각하며 경제학이라는 현대 논리로 재해석해 보았다.

 이해를 돕기 위해 간단한 예를 이용해 설명해 보기로 하자. 만약 우리가 다니는 회사에 신문고 제도가 있어서 회사의 방향 또는 방침에 대해 소중한 의견을 제시하고자 한다고 하자. 우리가 개진한 의견이 채택되는가는 무기명이냐 기명이냐에 따라 크게 좌우될 것이다. 무기명이라면 아무런 편견 없이 처리가 될 것이고 기명이라면 누가 개진한 의견이냐에 따라 채택의 확률은 크게 달라질 것이다.

 이는 학자들이 학술지에 논문을 투고할 때도 마찬가지이다. 논문심사 방법에는 single-blind 방식과 double-blind 방식이 있다. 전자는 논문 저자의 이름을 가리지 않아 심사자들이 논문의 저자가 누구인지 알고 심사하는 제도이고, 후자는 익명으로 심사하여 심사자와 저자 모두 상대가 누구인지 모르는 경우이다. 어떠한 방식이 더 좋은 방식일까? 직관적으로 말하면 double-blind의 경우에 좀 더 공정한 심사결과를 받을 가능성이 크다. 그렇다면 single-blind의 장점은 없을까? 누가 썼는지 알기 때문에 심사자들은 좀 더 심사하기가 편할 것이다. 대가가 썼다면 터무니없는 실수는 하지 않았을 것이라고 믿고 대충 후하게 심사할 것이고, 이름 없는 학자가 썼다면 마치 한 수 가르쳐 주는 양 까다롭게 심사할 것이다. 이것이 가능한 이유는 저자의 이름이라는 추가적인 정보를 활용할 수 있기 때문이다.

나는 몇몇 경제학자들 특히 계량경제학자들에게 어떠한 심사방식이 더 바람직하다고 생각하는지 물었다. 그들의 대답은 한결같았다. 당연히 보다 많은 정보를 활용할 수 있는 single-blind 방식이라는 것이 그들의 대답이었다. double-blind 방식을 아무리 좋게 설계하더라도 더 많은 정보를 이용할 수 있는 single-blind 방식보다 좋을 수는 없다는 것이다. 사실 이는 그들의 대답이라기보다는 계량경제학의 대답이라고 말할 수 있다. 내가 "그렇다면 single-blind 방식이 야기할 수 있는 편견에 대해서는 어떻게 생각하느냐"고 아무리 질문을 반복해도 이 질문에 대해서는 대답을 회피한 채 "더 많은 정보가 더 나쁠 수는 없다"는 종래의 주장만을 반복하고 있었다.

나는 편견을 조장하는 single-blind 방식이 더 나쁠 수는 없다는 결론에 전혀 동의할 수 없었기 때문에 이 질문의 진정한 해답을 찾아내기 위해 며칠을 고민한 끝에 결국 "더 좋은 방식"이라는 질문에서 좋다는 기준이 한 가지가 아닐 수 있다는 결론에 도달하게 되었고, 계량경제학자들이 말하는 좋다는 기준은 "보다 정확하다." 즉 효율성이었고, 내가 찾고자 했던 좋다는 기준은 "보다 공평하다." 즉 무편향성임을 깨달았다. 많은 사람들이 착각을 하는데 이 두 가지 기준은 많은 경우 일치하지만, 항상 일치하는 것은 아니다. 즉 편향성이 없으면 정확할 가능성이 크지만 때에 따라서는 보다 정확한 평가를 위하여 약간의 편향성을 받아들일 수밖에 없는 경우도 있는 것이다.

그러면 어떤 경우에는 single-blind가 바람직하고 어떤 경우에는 double-blind가 바람직한가? 그것이 사회적으로 매우 중대한 사업이라고 하면 예컨대 원자력발전소 수주와 같은 경우에는 당연히 정확성이 우선시되어야 할 것이다. 국민의 생존이 달려있는 문제인데 공정하게 처리한답시고 잘 알지도 못 하는 사업자에게 맡길 수는 없지 않은가? 이러한 경우에는 single-blind 방식을 채택함으로써 사업계획서를 평가할 때 그 사업자의 능력에 대한 최대한의 정보를 활용하는 것이 옳다고 하겠다. 그러나 그렇지 않은 경우 하지만 이 평가에서 성공적인 결과를 얻는 것이 지원자 한 사람 한 사람의 인생에 있어서 매우 중요한 문제라면 당연히 double-blind 방식에 의해 최대한 공정하게 평가가 이루어져야 할 것이다. 대입시험이나 대학원 논문제출자격시험과 같은 중대한 시험에서 모두 이름을 가리고 평가가 이루어지는 것은 바로 이러한 공정성이 가장 우선시되는 상황이기 때문이다. 물론 double-blind 방식을 유지하는 데는 상당한 비용이 든다. 따라서 위와 같이 중대한 시험이 아니라면 일일이 이름을 가리는 수고를 하지 않고 약간의 편향성을 허용하는 것이 합리적일 것이다. 학술지 역시 요즘과 같이 인터넷이 발전한 시대에는 이름을 가리는 것이 큰 의미가 없다고 판단하여 다소의 불공정함을 감수하더라도 single-blind로 가는 추세에 있다.

여기서 다음과 같은 흥미로운 질문을 던질 수 있다. 학자들은 한 개의 논문에 의해 능력을 평가받는 것이 아니라, 그 사람의 모든 연구업적의 총합으로써 평가받는다. 이제 어떤 학자가 매년 하나씩의 논문을 심사받는다 하자. t해의 그의 논문의 실제 가치가 v_t라고 하자. 그러면 첫 번째 논문에서 그의 논문은 확률 1로 과대평가되거나 과소평가될 것이다. 왜냐하면 심사자의 능력이 완벽할 수 없는 이상 심사결과는 약간의 에러를 수반할 것이고, 그의 평가를 m_t라고 하면 $m_t = v_t + \epsilon_t$ (단 ϵ_t는 평균이 0인 정규분포를 가짐)라고 가정할 때 평가가 정확히 $m_t = v_t$가 나올 확률은 0이기 때문이다. 이제 그가 첫해에 운 좋게 과대평가되었다 하자, 즉 $m_1 > v_1$라 하자. 만약 많은 학술지가 그러하듯이 single-blind 방식으로 논문이 심사된다면 그의 능력은 위와 같은 과대평가된 선입관에 의하여 두 번째 논문에서 이득을 볼 것이다. 바로 이러한 선입관효과에 의해 두 번째 논문에서도 과대평가될 가능성이 크다. 이처럼 한번 과대포장된 그의 이미지는 계속 눈덩이 굴리듯 부풀어져 궁극적으로 거의 모든 사람의 능력은 과대평가되거나 과소평가될 것이라고 말할 수 있지 않을까? 왜냐하면, 그의 능력을 θ라 하면 이는 그의 모든 논문에 대한 평가의 평균 즉 $\lim_{T \to \infty} \frac{\sum_{t=1}^{T} m_t}{T}$로 인식될 것이고, 각 m_t가 모두 부풀어져 있기 때문이다. 만약 이것이 사실이라면 노벨상 수상자 중 다수가 과대평가되었을 가능성이 있다고 해도 틀린 말이 아닐 것이다. 나는 이와 유사한 경우를 많이 목격하였다. 내가 대학원을 다닐 때 가르침을 받았던 은사이신 노벨경제학상 수상자 스티글리쯔 교수의 경우 물론 나는 그분을 매우 존경하고 충분히 그상을 받을만한 사람이라고 생각하지만 스티글리쯔 교수가 매 수업에서 우리에게 강독하도록 요구했던 자신의 논문들은 하나같이 똑같은 이야기를 하고 있는 것 같은 생각이 들 정도로 거의 유사한 논문들이었다. 그러나 스티글리쯔 교수가 학술지에 투고한다면 어느 누가 감히 그 논문이 이전에 이미 발표된 스티글리쯔 교수의 논문과 본질적으로 차이가 없다는 이유로 게재 불가판정을 내리겠는가? 한번 유명해 지면 이렇게 애써 굴리지 않아도 저절로 굴러가는 것이다. 이 얼마나 불공평한가?

그러나 다행히 위와 같은 논리는 사실이 아님을 쉽게 입증할 수 있다. 만약 어떤 학자가 충분히 많은 논문을 쓰는 경우 이러한 선입관효과는 기하급수적으로 감소하게 되므로 장기적으로는 소멸되고 따라서 그의 참 능력은 언젠가 올바르게 평가받게 될 것이다. 물론 이는 장기간에 걸쳐 연구활동을 한다는 가정하에서만 성립한다. 이 결과는 복잡한 동태적 최적화 문제를 풀어서 증명할 수 있는데 이 결과가 야심 차게 인생을 계획하고 시작해 나가는 많은 젊은 사람들에게 희망적인 메시지가 되길 바란다.

참·고·문·헌

Rabin, M. and J. Schrag, 1999, First Impressions Matter: A Model of Confirmatory Bias, Quarterly Journal of Economics 114, 37-92

후기

이 연구는 많은 학술지에서 거절된 끝에 결국 영국에서 발간하는 Scottish Journal of Poitical Economy라는 학술지에 실리게 되었다. 그때 심사평이 아직도 기억에 남는다. "대부분의 심사자들은 심사할 논문을 받으면 저자의 이름과 소속을 보고 MIT 같은 유수한 대학 소속 교수가 아니면 읽어보지도 않고 쓰레기통에 던져버리는데 내 연구실에도 그런 논문들로 쓰레기통이 가득하다. 마침 어제 점심식사를 하면서 동료들과 그런 이야기를 했는데 바로 이 논문이 그런 문제를 지적한 논문이다." 마침 이런 문제의식에 공감하고 있었던 사람을 논문심사자로 만났다는 것은 내게 행운이었다.

이 연구의 수정작업은 2005년 Carsten Nielsen 교수의 초청으로 밀라노에 있는 카톨릭대학에 여름 한 달 머무는 동안 완성되었다. 한 달간의 수정작업을 마치고 가족들이 밀라노에서 합류하여 유럽 일주 여행을 하고 최종목적지인 런던행 Eurostar를 타기 위해 벨기에 브뤼셀역에서 기다리고 있던 중 말로만 듣던 끔찍한 일을 당하고 말았다. 노트북 컴퓨터를 도난당하고 만 것이다. 한 달 동안 작업결과가 모두 날아가는 순간이었다. 눈앞이 캄캄했다. 이 연구의 수정 작업 외에도 몇 가지 연구결과들이 다 날아갔다. 한국에 돌아온 즉시 Carten에게 연락하여 desktop backup 하드디스크를 보내달라고 했다. Carten은 기꺼이 하드디스크를 확보하여 페덱스로 보내줬는데 불행히도 이 하드디스크 역시 중간에 분실되어 버렸다. 세상에 이런 지독한 불운이 또 있으랴. 결국 나는 좋지도 못한 기억에 의존하여 모든 작업을 다시 할 수밖에 없었다. 결국은 게재되었으니 호사다마라고 해야 하나.

표절과 인용

> 무릇 있는 자는 받아 풍족하게 되고 없는 자는 그 있는 것 까지도 빼앗기리라
> － 마태복음 13:12 －

　　Barry Palevitz라는 식물학자는 자신이 연구했던 주제와 거의 동일한 논문을 발견하였는데 더욱 황당한 사실은 이 표절이 의심되는 논문의 저자 중 한 명이 자신의 논문을 잘 알고 있는 사람이었다는 것이다. 그래서 Palevitz는 그 저자에게 전화를 해 항의했더니 그는 미안하다고 사과하고 그러나 자기는 인용하자고 주장했으나 다른 저자가 빠뜨린 것 같다는 옹색한 변명을 늘어놓더라는 것이다.

　　이와 유사한 사건들은 비일비재하다. 나 역시 이와 유사한 일을 많이 당했다. 버클리대학교의 모 교수가 내 논문과 완전히 동일한 주제의 논문을 발표하고 다닐 때 나는 내 논문 두 편을 보내주고 참고하라고 했다. 결국은 수정과정에서 내가 보내준 논문 두 편을 모두 인용하였다. 그의 또 다른 논문 한 편도 내 논문과 주제가 같기에 또 한 번 참고하라고 논문만 보내줬다.

이처럼 사람들은 다른 사람의 논문을 인용할 때 관련성이 깊더라도, 본인이 참고했다는 이유만으로 인용하지는 않는다. 논문인용도 전략(strategy)이다. 정직한 인용이 아닌 전략적 인용. 이것이 합리적인 사람들의 인용방식이다.

그러면 사람들은 왜 인용을 할까? 어떤 논문을 인용할지 결정할 때 어떤 계산을 하는가? 첫째는 자신의 논거를 보다 설득력 있게 보이기 위해 타인의 관련된 주장을 이용한다. 보다 강한 설득력을 얻기 위해서는 기왕이면 유명한 사람의 주장을 인용한다. 예를 들어 "공자 가라사대" 또는 "예수님께서 말씀하시기를"이라는 말은 자주 쓰지만 "옆집의 철수가 그러는데"라는 말은 하지 않는다. 그 이유는 공자님 또는 예수님이 유사한 주장을 하셨다면 이는 내 주장이 좀 더 설득력을 얻지만, 철수가 똑같은 주장을 하였다 하더라도 이는 내 주장의 유효성에 그다지 도움이 되지 못하기 때문이다. 이러한 인용의 효과를 "상관효과(correlation effect)"라 부르고자 한다. 이는 상대방 주장과 내 주장이 상관관계가 있기 때문에 상대방 주장이 옳다면 내 주장도 옳을 가능성이 높다는 것을 의미한다.

그런데 여기서 흥미 있는 것은 내가 인용을 할 때는 이처럼 신뢰도 높은 사람의 주장만을 선별적으로 인용하기 때문에 어떤 사람이 인용에서 누락되었다면 이는 그의 주장이 신뢰도가 낮기 때문이었다고 유추할 수도 있다. 보다 정확히 말하면 저자는 자기보다 신뢰도가 떨어지거나 신뢰도가 떨어진다고 생각하는 다른 저자의 논문을 인용하지 않으려는 경향이 있다. 왜냐하면, 그러한 저자의 논문을 인용하면 오히려 내 주장의 신뢰도가 떨어질 수 있기 때문이다. 따라서 우리는 어떤 저자의 신뢰도가 궁금하면 그가 어떤 저자의 글을 인용하는지 살펴보면 간접적으로 알 수 있다. 이러한 효과가 있기 때문에 저자들은 자신이 신뢰도 높은 능력 있는 학자라는 인상을 주기 위하여 좀 더 선별적으로 인용하려 할 것이다. 즉 상위 10% 학자의 관련 논문을 의도적으로 인용하지 않음으로써 나는 이 사람보다는 낫다.(상위 5%에 해당한다) 또는 적어도 이 사람보다 낫다고 생각한다는 메시지를 전하고자 할 것이다. 이러한 효과를 신호효과(signaling effect)라 부르고자 한다. 이는 자신에 대한 인식과 평판을 높이기 위해 타인의 평판을 짚고 도약하는 행위로 비유할 수 있으므로 이를 "뜀틀효과(vaulting effect)"라고도 부를 수 있을 것이다. 즉 남을 인용한다는 것은 남보다 못하다는 느낌을 주는 부정적 신호라는 비용을 수반한다는 것이다. 이것이 저자들이 인용을 꺼리는 특히 유명하지 않은 사람들의 글을 인용하기 꺼리는 중요한 이유 중 하나이다.

인용을 꺼리는 또 하나의 명백한 이유는 창의적으로 보이고 싶은 욕구 때문이다. 이 때문에 저자들은 선행연구를 특히 그것이 유명하지 않은 작가의 연구라면 이를 인용하기를 꺼리고 인용이 불가피한 경우에는 "본 연구는 그 논문과 독립적으로 이루어진 것임을 밝힌다"와 같은 글귀를 삽입하기도 한다. 독립적으로 이루어졌는지 참고했는지는 본인 자신 외에는 아무도 모르고 입증하기도 어렵다. 따라서 이러한 솔직하지 않은 비겁한 행위는 자주 목격된다.

나는 현실적으로 모든 관련된 주장들을 일일이 나열하는 것은 불가능하다는 것은 인정한다. 이는 때로는 너무나 큰 비용이 소요될 수 있기 때문이다. 이런 경우는 가장 관련성이 깊은 순서로 가장 중요한 것들만 뽑아서 몇 가지 주장만 인용하는 것이 맞다. 관련성 정도가 비슷하다면 무작위로 몇 개만 뽑는 것이 맞다. 그러나 이 과정에서 왜곡이 발생한다면, 즉 유명한 저자들의 논문만이 우선적으로 인용된다면 나는 이를 인용의 왜곡(citation bias)이라 부르고자 한다. 실제 많은 저자들이 이러한 인용 행태를 보이고 있는데 이는 사회적으로 바람직하지 않다. 소위 마태효과(Matthew effect)를 창출하고 그 결과 유명한 사람은 점점 더 유명해지고 제3국 출신의 힘없는 학자들은 아무리 중요한 연구를 해도 좀처럼 인용되지 않다가 이름 없는 학자로 사라져 버리게 된다. 따라서 우리나라와 같은 학문적 개발도상국 출신의 재능 있는 학자들은 이러한 막막한 현실 속에서 재능을 꽃피우지 못하고 연구 의욕을 상실하게 된다. 이는 귀중한 인적 자원의 낭비를 초래하는 것이다. 이처럼 왜곡된 인용자료에 의존하는 피인용 지표들은 그런

면에서 객관성이 결여되어 있다고 볼 수 있고, 따라서 어떤 학자의 진정한 영향력은 이러한 인용의 왜곡을 제거한 후의 지표로써 평가되어야 할 것이다.

내가 이 글에서 합리적인 사람이라면 전략적 인용을 한다고 주장했다고 해서 내가 전략적 인용을 옹호하는 것은 아니고 그렇게 의도적으로 타인연구의 인용을 누락시켰다고 해서 양심의 가책을 받지 않아도 된다는 말은 아니다. 학자들은 합리적이기 이전에 양심적이고 윤리적이어야 할 것이다.

후기

실제 데이터를 통해 분석해 본 결과 랭킹이 매우 높은 경제학자들의 경우는 인용의 왜곡이 발생하지 않았으나 중간영역의 경제학자들에게서는 심한 인용의 왜곡이 나타났다. 이는 이미 대가반열에 든 학자들의 경우 그들의 신뢰도가 이미 알려져 있기 때문에 평판효과, 신호효과를 신경 쓸 이유가 없기 때문으로 해석된다. 이러한 평판효과를 가장 많이 신경 쓰는 부류가 중간층 학자들로서 이들은 자신들과 비슷한 계층의 다른 학자들을 의도적으로 인용하지 않음으로써 자신들이 그들보다 낫다는 인상을 주려는 경향이 있다고 볼 수 있다.

이 연구와 관련된 일화가 많다. 우선 이 연구결과를 European Economic Review에 보냈을 때 편집장이었던 Orazio Attanasio는 심사자들의 심사결과가 어떻게 나오든 자신은 편집장으로서 논문 게재를 거부할 권한이 있기 때문에 이 논문을 reject하겠다며 즉시 desk rejection을 하였다. 바로 이런 것이 폭력이 아니고 무엇이겠는가? 분석과정은 보지도 않고 결과가 자기 마음에 들지 않는다는 이유로(결과가 마음에 안 든다는 것은 위에서 말한 대로 결국 그가 그렇고 그런 학자라는 증거이다.) 알량한 편집장 권한으로 중요할 수도 있는 연구결과를 심사도 안 하고 묻어버리겠다는 것은 학자로서 또한 학술지 편집장으로서 할 도리가 아니라고 생각된다. 물론 연구의 수준이 떨어져서 desk rejection을 하겠다고 하면 이는 충분한 사유가 된다. 그러나 이 자는 명백히 자기가 싫어서 reject를 하겠다는 것이니 참으로 자신의 그릇 됨됨이를 signal한다는 생각이 들었다.

또 한 번은 일본 나고야 대학교에서 이 연구주제로 세미나를 할 때의 일이다. 세미나가 끝나고 나니 그중 한 명이 내게 다가와서 보여줄 것이 있다며 서류 한 묶음을 꺼냈다. 내용인즉슨 스탠포드대학교의 유명한 밀그롬교수과 터키 학자가 공저한 matching에 관한 논문에 이미 몇 년 전에 출간된 다른 터키 학자 논문의 定理(theorem)와 완전히 똑같은 定理가 아무런 인용도 없이 마치 자신들의 결과인 양 포함되어 있었다. 당시 아마 피해당사자이든 혹은 제삼자가 그 유명한 학술지(American Economic Review)에 이 문제를 제기한 상태였던 것 같다. 누가 봐도 명백한 표절이었다. 나는 이 증거를 보며 노벨 경제학상을 그토록 받고 싶어하는 밀그롬교수의 노벨상 수상 가능성은커녕 학자로서의 생명도 이제 끝났다고 생각했다. 실제로 이를 내게 이야기해 주었던 그 친구도 그렇게 생각했다. 그러나 이러한 항의의 결과는 감감무소식이다. American Economic Review의 편집장까지 지낸 밀그롬에게 어떻게 표절선고를 내리겠는가? 그들은 이름 없는 터키학자의 자존심과 유명한 밀그롬의 학자로서의 생명 중 무엇을 선택하겠는가? American Economic Review는 이 두 가지 사이에서 고민도 하지 않고 밀그롬의 손을 들어줬을 것이다. 이 또한 폭력이 아니고 무엇이랴? 한 대가의 체면치레가 양심보다도 그렇게 중요한가? 이 예에서 더 큰 문제는 같은 터키 학자가 다른 터키 학자의 등에 비수를 꽂았다는 점이다. 배신하려거든 차라리 다른 나라 사람을 배신하는 것이 낫다고 말하는 것은 아니지만 어떻게 남도 아니고 같은 나라 사람의 공적에 credit을 주기는커녕 이를 자신의 공적으로 둔갑시킬 수 있을까? 더 놀라운 것은 그 이후의 후속 학자들도 인용을 할 때 이러한 표절 여부는 전혀 인지하지 못한 채 내가 이 글에서 예측한 대로 대가인 밀그롬의 논문을 먼저 인용하지 그 이름 없는 터키학자의 논문을 인용하지는 않는다는 사실이다. 나는 나고야에서 만난 그 친구와 함께 이러한 불편한 진실에 대해 안타까워하며 적어도 우리가 추구하고 지향하는 바가 같다는 생각에 든든한 우군을 얻은 것처럼 흐뭇했다.

나는 사실 나의 모교 스탠포드대학교에 대해 그다지 애착이 없다. 위에서 문제가 된 교수 두 사람(아타나시오, 밀그롬) 모두 내가 그 학교를 다닐 때 나의 은사였다. 이런 일들이 발생할 줄 미리 알고 처음부터 애착을 갖지 않았다는 것은 물론 아니다. 나에게 애착이 없는 이유는 교수들이나 동료들에게서 인간적인 깊이가 느껴지지 않는다. 학자가 학문적인 깊이만 있으면 되지 인간적인 깊이까지 요구하는 것은 지나치지 않은가라고 반문할지 모른다. 물론 그렇다. 그러나 그것은 자연과학에 국한했을 때에만 타당한 말이라 생각한다. 사회과학의 경우는 학문적 깊이는 인간에 대한 깊은 성찰이 전제되어야만 가능하다고 생각한다. 그렇지 않으면 기껏해야 분석에만 능한 technician으로서만 유능한 학자가 될 수 있을 뿐이다. 나에게 인생의 깊은 가르침을 줄 수 있었던 스승은 적어도 스탠포드에서는 찾을 수 없었다.

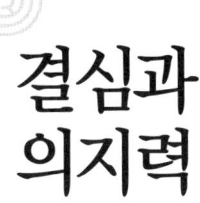

결심과 의지력

"실제로 경험은 우리의 미래가 과거와 같다는 것, 우리가 한 때 저지른 죄악을 몹시 혐오하면서도 결국엔 죄악을 수없이 되풀이하리라는 것을 증명할 뿐이다."
– 도리안 그레이의 초상 –

사람들은 무엇을 하겠다고 결심을 하고 나서도 그 결심을 잘 지키지 못 한다. 결심을 하는 것도 큰일이지만, 결심을 지키는 것은 또 다른 큰일이다. 왜 그럴까?

우리는 매일 매 순간 놀까 일할까, 소비자들은 소비할 것인가 저축할 것인가, 담배를 계속 필 것인가 담배를 끊을 것인가를 끊임없이 고민하고 갈등하지만, 내일부터는 일을 하겠다고 또는 저축을 하겠다고 결심을 한 사람도 막상 내일이 닥치면 또 그 다음 날부터 시작해야지 라며 결심을 연기한다. 결국, 결심은 이런 식으로 깨진다.

왜 애초의 결심이 지켜지지 않는 것일까? 만약 그가 합리적이라면 결심이 지켜지지 않을 이유가 없어 보인다. A와 B라는 두 가지 선택 중 오늘 B(일, 저축, 금연)라는 것을 선택했다면(즉 B를 하겠다고 결심했다면) 이는 그가 A보다 B를 선호한다는 것을 뜻하고 따라서 내일이 오더라도 사람의 선호는 쉽게 바뀌지 않는다고 본다면 A보다 B를 선호하므로 B를 실행에 옮겨야 한다. 이렇게 생각해 보자. 내가 내일 담배를 피면 당장은 좋지만 앞으로 계속 나빠진 건강상태로 살아야 하므로 내일부터 매 시점 효용은 $(2, -1, -1, -1, ...)$이 될 것이다. 반면 지금 피고 싶은 담배를 피지 않으면 계속 효용은 $(0,0,0,0,...)$이라 하자. 미래에 얻는 효용은 매 시점 할인되므로 할인율을 0.8이라 하면 A는

$$0.8 \times 2 - 0.8^2 - 0.8^3 - 0.8^4 - ... = 0.8(2 - \frac{0.8}{1-0.8}) = -2 \times 0.8$$

만큼의 효용가치가 있는 반면, B의 효용가치는 0이므로 B를 하겠다고 즉 담배를 끊겠다고 결심을 하는 것이고, 내일이 된다고 선택이 달라질 이유가 없다. 왜냐하면 내일 막상 담배를 피면 그때부터 매 시점 효용은 $(2, -1, -1, ...)$이 될 것이다. 반면 담배를 피지 않으면 계속 효용은 $(0,0,0,...)$이므로, A는

$$2 - 0.8 - 0.8^2 - 0.8^3 - ... = 2 - \frac{0.8}{1-0.8} = -2$$만큼의 효용가치를,

B의 효용가치는 0, 따라서 담배를 끊겠다는 결심을 할 조건 $0.8 \times (-2) < 0$은 막상 내일이 왔을 때 담배를 피지 않을 조건 $-2 < 0$과 정확히 일치하게 된다. 내일의 의사결정과 모레의 의사

결정은 다만 똑같은 조건에 0.8을 한 번 곱하느냐 두 번 곱하느냐의 차이만 있을 뿐이다. 0.8에 곱해지는 흡연 시의 효용과 금연 시의 효용 간의 차이가 +이면 0.8을 몇 번 곱해도 계속 +이고, 그 차이가 -이면 0.8을 몇 번 곱해도 -인 것이다. 이것이 현실이라면 한 번 한 결심은 계속 지켜질 것이다.

그러나 이는 현실과 너무 큰 괴리를 보인다. 작심삼일이라고 결심은 보통 3일을 넘지 못한다. 그 이유는 무엇인가? 이는 사람들이 미래를 할인하는 방법이 위와 같이 균일하지 않기 때문이라는 것이 Phelps and Pollack 교수의 설명이다. 즉 막상 내일이 닥치면 당장의 효용이 너무 중요해 진다는 것이다. 그 다음 날부터 받게 될 효용은 당장의 효용에 비하면 하찮은 것이 된다. 다시 말해 소비자들은 그 다음 날부터의 효용은 더 많이 할인한다. 따라서 내일이 오면 A의 효용은 추가적 할인율이 0.4라고 할 때

$2 - 0.4(0.8 + 0.8^2 + 0.8^3 + \ldots) = 2 - 0.4 \times \dfrac{0.8}{1-0.8} = 0.4$가 되어서 결심을 깨고 차라리 A(흡연)를 하게 된다. 즉 소비자들이 당장의 효용보다 미래의 효용을 훨씬 더 중요치 않게 생각하는 시간에 대한 선호를 가지고 있다면 이와 같이 자신이 했던 결심을 지키지 못하는 자기절제의 실패 현상이 합리적인 소비자들에게서도 나타날 수 있다는 것이다.

이러한 설명은 상당히 설득력이 있어 보이나 현실을 제대로 설명하지

못 하는 부분이 있다. 사람들이 결심을 지키는가의 여부는 그들의 미래에 대한 선호도라기보다 결심을 지키고자 하는 의지력에 의해 결정되는 바가 크다. 의지력뿐 아니라 자신의 의지력에 대한 믿음, 신뢰 등도 영향을 미칠 수 있다. "나는 결심을 지킬 수 있는 사람이다"라는 믿음이야말로 그 사람으로 하여금 결심을 지키게 하는 원동력이 될 수 있다고 생각한다. 그러면 이러한 믿음은 어디서부터 오는 것인가? 물론 신앙심이나 자기 최면 또는 근거 없는 믿음 등이 현실적으로 가능할지 모르나 가장 객관적인 데이터는 자신의 과거 행위로부터 나온다고 볼 수 있다. 만약 그가 과거에 유사한 결심을 한 번도 못 지킨 적이 없다면 그는 자기 자신의 의지력에 대해서 자신할 것이며, 어떤 이유에서든 자신의 결심이 종종 깨지는 것을 경험한 사람이라면 이번에 새로운 결심을 하더라도 지켜질 것이라는 확신이 없을 것이다.

여기서 나는 다음과 같은 늘 스스로에게 던지는 상투적인 질문을 다시 한 번 던지고 싶다. 왜 결심을 한 번 지키지 못한 사람은 계속해서 결심을 지키지 못하는 경향이 있는가? 나는 이에 대해 의지력의 부족이 주된 원인이라고 보지 않는다. 물론 선천적으로 의지력이 부족한 사람도 있겠으나, 이보다는 자신의 의지력에 대한 믿음의 부족 때문이라고 말하고 싶다. 실제로 한 번 결심을 지켜낸 사람은 그러한 경험이 자신의 의지력에 대한 믿음을 강화시켜 다음번 결심을 지키는데 도움이 될 수 있다. 즉 결심을 지킨 경험은 강한 의지력에 대한 자기신호(self-signal)가 된다. 반대로 한 번 결심을 지키지 못한 사람은 다음번에도 실패할 가능성이 커진다. 이때는 결심을 지키지 못한 경험이 약한 의지력에 대한 자기신호(self-signal)가 된다. 이는 심리학자들이 말하는 자기예언현상(self-prophesy phenomenon)과 유사하다. 이러한 효과를 고려한다면 사람들이 계속 일련의 결심을 해야 하는 상황이라면 정말 중요한 사안의 경우를 위하여 상대적으로 중요하지 않은 사안에 대해서는 결심 자체를 삼가는 편이 나을 수 있다고 권하고 싶다. 그 이유는 사소한 일에서 결심을 지키지 못하면 이것이 지기신호가 되어 다음번 정말 중요한 일에서 결심을 지키지 못할 가능성이 커지기 때문이다. 따라서 스스로 자신의 의지력에 대한 부정적인 신호를 받을 가능성을 미리 차단하는 편이 낫다는 것이다. 나는 이를 자기신호교란현상(self-signal-jamming)이라 부른다.

참·고·문·헌

Phelps, E. S., & Pollak, R.(1968). On second-best national saving and game equilibrium growth. Review of Economic Studies, 35, 201-208.

후기

이 글은 내가 1999년 국제행동경제학회(SABE)에 참가하면서 자연스럽게 접하게 된 쌍곡선할인(hyperbolic discounting)이라는 개념을 음미하다가 시작되었다. 글을 거의 완성할 시점쯤 Benabou and Tirole이 매우 유사한 주제를 다루었음을 알게 되었다. 당연히 이러한 선행연구를 내 논문에 인용을 했고, 그래서인지 Journal of Economic Psychology에 투고했을 때 심사자는 Tirole 교수였던 것 같다. Tirole 교수는(정확히는 Tirole 교수로 추정되는 심사자는) 본인 논문과 충돌이 있었음에도 불구하고, 또 시기적으로 Tirole 교수의 글이 앞섰음에도 불구하고 전혀 개의치 않고 본 논문을 매우 호의적으로 평가해 주면서 유익한 점들을 지적해 주었다. 특히 내가 위에서 말한 자기예언현상을 도리안 그레이의 효과라고 부르면 어떻겠느냐는 조언을 해 주었다. 큰 도움이 되었다.

유행에 대하여

유행은 왜 생기는가? 유행이라는 것은 처음에 어떻게 형성되어서 어떻게 하여 다른 유행으로 바뀌게 되는가?

인간사회에서 유행은 자주 관찰되는 보편적인 현상인 것은 틀림없다. 적어도 국지적 유행은 틀림없이 보편적으로 나타나는 현상이다. 여자들의 옷차림만 보더라도 60년대에는 미니스커트가 유행하다가 70년대 판타롱을 거쳐 히피 문화의 영향으로 청바지가 유행하였고 그 후 롱스커트로 유행이 바뀌기도 하였다. 인기 직종, 인기학과를 보더라도 50년대 화학공학과, 60년대 조선공학과, 70년대 전자공학과, 그 후 컴퓨터공학과, 최근에는 생명공학 쪽으로 유행이 바뀌어왔다. 유행은 시대

뿐 아니라 지역에 따라 나타나기도 한다. 서구의 사람들은 한국인, 일본인, 중국인들이 외모는 비슷할지라도 그들의 옷차림으로 구별할 수 있는 경우가 많다. 어느 지역의 고등학생들은 아이비리그의 대학들을 선호하지만, 또 다른 지역의 고등학생들은 미국 서부의 대학들을 선호하기도 한다. 내가 석사과정에 있었던 미시간의 앤아버에서는 사람들이 라켓볼을 더 많이 쳤는데, 박사과정에 몸담고 있던 스탠포드에서는 스쿼시를 즐기는 사람들이 더 많았다.

그러면 이처럼 국지적으로 획일적인 행동이 나타나는 이유는 무엇인가?(여기서 국지적으로 획일적인 행동을 유행이라고 부르기로 하자) 왜 공간적으로나 시간적으로 가까이 있는 사람들이 이처럼 비슷한 생각, 비슷한 행동을 하게 되는가?

크게 두 가지 요인을 들 수 있다. 하나는 규범적 압력 즉 사회구성원들의 제재(sanction) 때문이다. 즉 다른 구성원들과 다른 행동을 하면, 사람들이 음으로 양으로 따돌리는 왕따, 은따의 대상이 될 가능성이 크기 때문이다. 또 다른 요인은 정보의 부족이다. 다른 사람들이 내가 모르는 무언가를 알고 있다는 생각을 하면 다른 사람들의 행동을 따라 하는 것이 합리적이다. 시골에서 상경하여 처음 서울 지하철을 타는 사람은 남들이 하는 대로 그대로 따라 하고, 남들이 가는 방향으로 따라 나간다. 이를 herd behavior라 한다. Miller and McFarland가 말한 다음 예는 herd behavior의 대표적인 예이다. "교수들은 종종 학생들에게 질문이 있느냐고 묻는데 많은 학생들이 이해를 못 한 경우에도 이해를 못 했다는 반응을 보이지 않는다. 학생들은 똑똑해 보이지 않을까봐 질문을 안 하고 다른 학생들은 또 다른 학생들이 질문하지 않는 것을 그들은 이해한 것으로 해석하여 창피당하지 않기 위해 질문을 안 하고, 결국 모두가 자신은 남들보다 잘 알지 못한다고 믿게 되는 다수의 무지(pluralistic ignorance) 상태에 빠지게 된다."

그런데 herd behavior에 대해 처음 연구한 경제학자 Banerjee, Hirshleifer 등은 사회구성원들이 순차적으로 의사결정을 하고 뒤의 의사결정자는 앞사람들의 선택을 모두 관찰할 수 있다는 다소 비현실적인 가정을 도입하여 이를 설명하였다. 그러나 현실적으로는 의사결정자들의 시야는 극히 제한적이다. 그렇게 많은 사람들의 선택을 계속 관찰하기는 어렵다. 이처럼 모든 의사결정자들이 자기 앞 사람의 선택만을 관찰할 수 있다면 어떠할까? 이때에도 유행이 발생할 수 있을까?

다음과 같은 간단한 예를 생각해 보자. 어떤 옷가게에 A, B라는 두 가지 종류의 숙녀복이 있다고 하자. 10명의 여성이 차례대로 들어온다고 하자. 제일 먼저 도착한 사람이 먼저 A, B 중 하나를 고른다. 어떤 옷이 더 유행할지 사전에 아무런 정보도 없다면, 또 개인적으로 A, B가 똑같이 마음에 든다면, 이 둘 중 어느 하나를 임의로 선택할 것이다. 이제 두 번째 여성이 매장에 들어와서 앞사람의 선택을 봤다고 하자.

만약 앞사람이 A를 선택했다면 두 번째 사람은 앞사람이 A를 선택한 것이 임의의 결정이었는지 아니면 뭔가를 알고 A를 선택했는지 알지 못 한다. 그러나 앞사람이 어떤 정보가 있었을 것이라고 아주 작은 확률이라도 믿는다면 앞사람을 따라서 A를 선택하는 것이 합리적일 것이다. 이제 세 번째 사람이 와서 두 번째 사람의 선택을 보고 똑같은 방법으로 추론한다면 그도 역시 A를 택하고, 결국 10명 모두 A를 택함으로써 A style의 의류가 유행하게 될 것이다.

이 예를 통하여 알 수 있는 것은 이처럼 유행이 형성되기 위해서는 Banerjee나 Hirshleifer 등이 가정한 것처럼 각 의사결정자들이 자기보다 먼저 의사결정을 한 사람들의 모든 선택을 관찰해야 하는 것은 아니라는 점이다. 즉 국지적 관찰 가능성(local observability)만으로도 전역적 유행(global conformity)을 얻을 수 있다는 것이다. 또 유행이란 반드시 남들보다 더 많이 아는 사람에 의해서만 창조되는 것도 아니라는 점이다. 위에서 본 것과 같이 아무런 정보도 없는 사람의 아무 생각 없이 취한 행위가 다른 우연한 관찰자에 의해 진지하게 받아들여진다면(뭔가를 아는 사람이 그런 선택을 한 것으로 믿고 모방한다면) 이 역시 유행을 창조할 수 있다는 사실이다. 그것도 합리적 의사결정자의 합리적 선택이 될 수 있다.

참·고·문·헌

Banerjee, A., 1992, A Simple Model of Herd Behavior, Quarterly Journal of Economics 107, 797-817

Bikhchandani, S., D. Hirshleifer and I.Welch, 1992, A Theory of Fads, Fashion, Custon, and Cultural Change as Informational Cascades, Journal of Political Economy 100, 992-1026

Miller, D. and C. McFarland, 1987, Pluralistic Ignorance: When Similarity is Interpreted as Dissimilarity, Journal of Personality and Social Psychology 52, 298-305

호기심에 대하여

사람들은 왜 퀴즈게임을 즐기는 것일까? 왜 우리는 유명한 연예인들의 뉴스에 흥분하는 것일까? 왜 어떤 사람들은 어려운 수학문제를 풀기 위해 한평생을 다 바치는가? 퀴즈문제를 한 문제 더 푼다고 상금이 있는 것도 아니다. 복잡한 수학문제를 풀어낸다고 해서 어떤 보상이 있는 것도 아니다. 우리 아이는 같은 학급에 있는 친구들 이름은 몰라도 우주에 있는 별과 별자리 이름은 모르는 것이 거의 없다. 이런 것들을 기억한다고 해서 돈이 나오는 것도 아니다. 그냥 즐거운 것이다. 왜 즐거울까? 그것이 왜 우리에게 행복을 주는가?

유명한 경제학자인 Laffont(1989)은 "정보의 효용은 간접적인 것이다. 우리가 소비재를 소비함으로써 얻는 효용처럼 직접적인 것이 아니다."라고 불확실한 것을 알게 되는 정보의 가치를 한 마디로 설명하였다. 그리고 이러한 견해는 게임이론의 창시자인 Von Neumann and Moregenstein(1944)이 이론화하여 모든 경제학 교과서가 인정하고 있는 기대효용가설에도 그대로 반영되어 있다. 불확실성은 효용의 기댓값을 결정해 준다는 의미에서만 사람들에게 중요하다고.

그러나 Laffont의 말이나 Von Neumann and Moregenstein의 기대효용가설은 모두 틀렸다. 적어도 위에서 우리가 관찰한 바는 이들이 틀렸음을 말해 주는 명백한 증거이다. 정보는 간접적인 효용만 갖는 것이 아니라 직접적인 효용도 갖는다. 왜냐하면 사람에게는 호기심이 있기 때문이다. 어떤 정보를 얻는 것이 우리의 소득을 증가시켜서 이러한 소득증가로부터의 효용이라는 간접적 효용이 없더라도 우리에게는 호기심이라는 것이 있어서 어떤 사실을 아는 것 자체를 즐긴다. 그리고 이때 그 정보의 효용은 직접적이다.

사람들의 많은 경제적 사회적 행위들을 호기심으로 설명할 수 있는데 이러한 부분을 기존의 경제학 교과서와 이론들은 전혀 설명하지 못하고 있는 것이다. 예를 들어 많은 청소년들의 흡연은 단순한 호기심으로부터 비롯된다는 연구결과가 있다. 그 밖에도 호기심으로부터 시작되는 긍정적 또는 부정적 행위들이 있다. 이것이 사회적으로 긍정적인 행위라면 이를 장려할 수 있는 사회적 정책이 필요할 것이고 이것이 범죄나 청소년 비행과 같이 부정적인 것이라면 이를 억제하기 위한 사회적 정책이 필요할 것인데 이를 위해서는 호기심의 본질에 대한 이해가 선행되어야 할 것이다.

앞에서도 말한 바와 같이 호기심은 우리가 모르는 것에 대한 사실(참값)을 아는 것 그 자체로부터 효용을 느끼는 것이다. 또 이 효용은 참값이 무엇으로 판명되는가와는 무관하게 결정된다. 이는 내가 구입한 주식의 가격이 무엇이 될 것인가에 대한 궁금증과는 본질적으로 다르다. 주식의 경우는 내일 주가가 만원이 되는가 오천원이 되는가에 따라 이것이 내 소득을 변화시켜 내 효용에 영향을 준다. 그러나 내가 구입하지 않은 삼성전자의 주가가 내일 얼마가 될 것인지 궁금해하는 것은 순수한 호기심이다. 내 소득과는 무관하다. 이러한 성질을 수량화해 줄 수 있는 개념이 있는데, 이것이 바로 물리학에서 많이 쓰이는 엔트로피(entropy)라는 개념이다. 엔트로피는 흔히 무질서도라고 번역이 되는바, 정보이론에서는 다음과 같이 정의된 Shannon(1948)의 정보 엔트로피가 가장 많이 쓰인다.

$$H(X) = -k \sum_{i=1}^{n} p_i \ln p_i$$

여기서 k는 일정한 상수이다. 설명을 부연한다면, X의 실제 값을 모른다고 할 때에 이 값은 $i=1$부터 n까지 n가지 중 하나라고 가정하고 각각이 발생할 확률은 p_i라 하자. 만약 한 가지가 확실히 나온다면 즉 어떤 i에 대해 $p_i = 1$라면 $\ln p_i = 0$이므로 $H(X) = 0$이 된다. 직관적으로 볼 때 이때가 가장 확실한 경우, 다시 말해 무질서도가 가장 낮은 경우로서 엔트로피가 최소가 되는 경우에 해당할 것이다. 반대로 무질서도가 가장 높은 경우는 아는 것이 전혀 없는 경우, 사전적으로 아무런 유익한 정보도 없는 경우 즉 모든 n가지 경우가 똑같은 확률로 발생할 경우 다시 말해 $p_i = \dfrac{1}{n}$인 경우일 것이다. 이 경우 $H(X) = k \ln n$이 되어 n이 무한대로 커지면 이 값도 무한대로 발산하게 될 것이다. 즉 무질서도가 무한하다는 뜻이 된다.

  사람들이 호기심을 갖는 이유는 이러한 무질서도(entropy)를 낮추려는 우리 몸의 자연스런 생리학적 기제(mechanism)이 발동한 결과라고 볼 수 있다. 이처럼 무질서도가 높아서 불편해진 우리의 마음이 이를 낮추기 위하여 호기심이라는 심리적 기제를 발동시키고 그 결과 우리가 모르던 어떤 값을 알게 된다면 위에서 계산한 엔트로피값이 0으로 떨어짐으로써 우리가 느꼈던 불편함이 해소될 수 있을 것이다. 이러한 엔트로피의 변화를 정보의 가치, 정보가 주는 직접적인 효용이라고 볼 수 있고, 이것이 그 사람의 호기심의 크기라고 해석할 수 있을 것이다. 실제로 진화심리학자들은 호기심이야말로 종족의 생존에 불가결한 것이라고 주장하기도 한다. 호기심이 클수록 종족보존에 유리할 것이고 따라서 환경에의 적합도를 높여 생존율을 높이는 데 유리할 것이다. 또한, 사람마다 호기심에 차이가 있을 수 있는데 이는 위에서 k값의 차이로 해석할 수 있다. 필자가 경희대와 한국외국어대 학생들을 임의로 추출하여 실험을 해 본 결과 사람들의 대인 호기심과 대물 호기심은 크게 차이가 나고, 남학생들보다 여학생들이 대인 호기심이 높을 것이라는 사람들의 인식은 데이터상으로는 신뢰하기 어려운 정도로만 지지되는 것으로 나타났다.

이제 호기심의 본질을 위와 같이 엔트로피를 낮추려는 생리적 현상으로 이해한다면 호기심으로 유발된 사회적 비행을 방지하기 위해 어떠한 사회정책을 사용해야 할 것인가? 나는 백신효과 또는 면역효과라는 것을 잘 활용해야 한다고 주장하고 싶다. 미리 병원균을 약간 주입하여 해로운 균에 대한 면역력을 길러주는 정책이다. 예를 들면 성교육은 사춘기 아이들의 지나친 호기심을 적절히 억제하는 기능을 할 수 있다. 이러한 면역기법으로 그토록 알고 싶어 하던 것을 어느 정도 알게 되면 호기심을 떨어뜨리고 그렇게 되면 청소년 흡연을 포함한 청소년 비행을 줄이는 데도 도움이 될 것이라고 생각된다.

참·고·문·헌

Laffont, J.J. 1989, The Economics of Uncertainty and Information, MIT Press

von Neumann, J. and O. Morgenstern, 1944, Theory of Games and Economic Behavior, Princeton University Press

후기

우리가 단골 커피집에 갔더니 늘 즐겨 마시던 아메리카노 커피 외에 새로운 커피 메뉴가 등장했다고 하자. 가격이 오천원으로 같다면 우리는 무엇을 선택할 것인가?

이 문제가 바로 내가 "호기심"에 대해서 호기심을 갖게 된 계기가 되는 질문이었다. 내가 2002년 연구년 휴가를 SUNY, Albany에서 보내고 있을 때였다. 그런데 그 당시 이러한 호기심에 대한 나의 잡생각을 중단한 이유는 위 질문에 대한 해답이 너무도 명료한 것 같았기 때문이다. 우리가 이미 잘 알고 있는 위험기피자, 위험애호가라는 개념을 이용하여 쉽게 설명이 되는 것으로 보였다. 위험기피자라면 오천원 내고 얻게 될 효용이 확실하지 않은 새로운 커피보다는 확실한 효용을 줄 수 있는 아메리카노를 선택할 것이고 위험애호가라면 반대로 새로운 커피를 주문할 가능성이 클 것이다.

그러나 나는 그 이후 아주 우연히 참석한 삼성경제연구소에서 후원하던 복잡계 연구모임에서 내가 잘못 생각했었다는 것을 깨달았다. 그때 한 발표자가 주가의 움직임을 복잡계이론으로 설명을 하면서 엔트로피라는 생소한 단어를 계속 사용하였다. 나는 불확실한 세계에서 투자자들이 투자 결정을 함에 있어서 고려해야 할 것은 주식이 주는 평균수익률과 분산이라는 통계학 개념으로 정의되는 위험도뿐이고 평균수익률이 같다면 위험기피자는 분산이 작은 주식을, 위험애호가는 분산이 큰 주식을 구입하는 것이 합리적 선택이라는 것이 경제학의 철직과 같은 원리인데 갑자기 경제학을 30년 동안 공부한 내게도 생소한 엔트로피가 왜 등장해야 하는가? 너무도 놀랍고 당황스러울 뿐이었다.

나는 경제학의 기대효용가설을 설명하면서 평균과 분산이 아닌 엔트로피를 추가적으로 고려해야 하는 이유가 무엇인가? 혹시 엔트로피는 평균, 분산으로 다시 나타낼 수는 없는가? 평균, 분산의 다른 표현에 지나지 않는 것은 아닌가? 평균, 분산과 어떠한 관계인가? 등의 질문을 계속 던졌으나 발표자들은 엔트로피 개념이 필요하다는 자기주장만 되풀이할 뿐, 기대효용가설과의 관계에 대해서는 전혀 언급하지 않았고, 그 현란한 말솜씨에 나를 제외한 모든 청중들은 고개만 끄떡이고 있을 뿐이었다. 이러한 어색하고 불편한 상황을 참을 수 없었던 나는 세미나에서 돌아오자마자 엔트로피라는 배워본 적이 없는 물리학 개념을 정의부터 찾아보기 시작했고, 엔트로피의 정의를 본 순간 이 개념은 주식투자에는 사용할 수 없는 개념이라는 것을 즉시 알 수 있었다. 위에서 말한대로 이 개념에는 주식의 수익률이라는 개념은 들어가 있지 않다. 수익이 높은 주식일수록 높은 효용을 주어야 하는데 엔트로피는 수익률과 무관하게 정의되어 있기 때문에 엔트로피가 낮은 주식에 투자를 하든 엔트로피가 높은 주식에 투자를 하든 이는 합리적인 주식 투자와는 전혀 상관없는 것이다. 그 이후 나는 물리학자들이 주식과 엔트로피를 관련시켜 이야기할 때마다 위 이야기를 하곤 한다.

그해 겨울 타이지 후지와라 교수의 초청으로 히도쯔바쉬대학을 방문하고 있을 때, 내가 좋아하는 구니다찌의 은행나무길을 걸어 학교로 출근하는 길에 2002년에 고민하던 호기심을 수량화하여 수학적으로 나타내는 방법에 대한 열쇠가 엔트로피라는 개념 안에 있다는 것을 깨닫게 되었다. 그리고 이 연구가 완성되어 최종적으로 발표된 것은 2013년, 즉 처음 호기심에 대해 생각하기 시작한 후 11년 만에 결실을 보게 되었다.

일탈에 대하여

 사회학자들은 사회규범을 지키지 않는 것을 일탈이라고 부른다. 사회규범을 따르는 것을 동조적 행위라고 한다면 이에 대비되는 행위라고 할 수 있다. 그러면 사람들은 왜 법적인 구속력, 강제성이 없는 규범을 따르는가? 앞에서 말한 대로 규범을 지키는 동기는 크게 두 가지를 들 수 있다. 사회구성원들로부터의 무언의 압력 때문일 수도 있고 정보의 편승효과 때문일 수도 있다. 즉 남들과 다른 행동을 했을 때 받게 될 따가운 눈총 또는 무엇을 해야 할지 모를 때 정보를 가진 것처럼 보이는 사람들의 행동을 따라 하면 중간치는 할 것이라는 계산 때문이다.

그렇다면 반대로 규범을 지키지 않는 것은 무엇 때문일까? 그냥 자우림의 노래 가사처럼 하루일상이 따분해 화끈한 일 신나는 일을 찾아서 옥상에서 번지점프를 할 수도 있다. 또 사회학자들의 여러 가지 일탈이론들이 있기도 하다. 그러나 그 이유가 무엇이건 간에 따분하건 다른 환경적인 이유건 한 가지 분명한 것은 규범을 지키지 않음으로써 얻는 편익이 그 비용보다 크기 때문이다. 그 편익과 비용이 무엇인지는 생각해 보자.

범죄행위를 예로 든다면 범죄도 일종의 일탈이다. 청소년 흡연도 일탈이다. 이러한 일탈행위가 주는 기쁨은 통쾌함일 것이다. 물론 그것이 경제범이라고 한다면 금전적인 이득도 있을 수 있다. 그러나 대개의 일탈행위의 이득은 심리적인 것이다. 옥상에서 번지점프를 한다면 그 역시 쌓인 스트레스를 푸는 통쾌함 때문일 것이다. 반대로 비용도 있다. 범죄행위에는 대가가 따른다. 벌금을 낼 수도 있고, 구속이 될 수도 있다. 그 밖의 사소한 일탈행위라면 그러한 법적인 처벌은 없지만 앞에서 말한 대로 주변 사람들의 따가운 시선이 그 비용일 수 있다. 옥상에서 번지점프를 한다면 미친 짓이라고 비아냥거릴 수 있을 것이다. 할 일을 안 하고 훌쩍 여행을 떠나버리면 그 이후의 뒷감당을 하기 어려울 정도의 잔소리가 기다리고 있을 것이다.

여기서 주목할 점은 규범을 지키느냐 일탈을 하느냐의 선택은 규범을 지켰을 때의 이득에서 비용을 뺀 순이득이 0보다 큰가 작은가에 의해서 결정될 것인데, 다시 말해 규범을 지켰을 때의 이득의 크기에 따라 달라질 것인데 이러한 이득은 사람마다 다르다. 또한 그 사람이 처한 조건에 따라 달라진다. 주위에 보는 사람이 거의 없으면 일탈에 따른 비용도 크지 않을 것이므로 더 빈번하게 일탈행위가 일어날 가능성이 크고, 다른 한편으로는 주위에 보는 사람들이 많을수록 그러한 일탈행위를 과시하고자 일탈행위를 더 즐길 수도 있을 것이다. 그러나 비교적 정상적인 사람이라면 후자와 같은 심리는 갖지 않을 것이다. 다시 한 번 자우림의 노래가사를 인용하면 비 오는 겨울밤에 벗고 조깅을 하는 일탈행위를 하면서 이를 봐주는 사람들이 많을수록 희열을 느낀다면 이는 비정상적인 사람일 것이다.(참고로 여기서 나는 Becker의 주장처럼 일탈행위를 하는 사람은 기본적으로 비정상적인 사람이라는 통념은 받아들이지 않는다. 정상적인 사람들도 일탈로부터의 이득이 크면 일탈행위를 한다는 견해를 가지고 있다.) 말하자면 일탈행위가 가져다주는 비용 중 중요한 부분은 다른 사람들이 나를 제정신이 아닌 사람으로 생각할 가능성인데 이러한 일탈행위가 잦아지면 사람들은 내가 진짜 미친 사람이 아닐까 하는 믿음이 강해지는 효과가 있을 것이다. 나는 이를 낙인효과라고 부를 것이고 이는 사회학자들이 말하는 낙인이론과 같은 맥락이다. 위에서 조건이 달라지면 일탈의 유인도 달라질 것이라고 했는데 여기서 흥미 있는 질문은 한 번도 일탈한 적이 없는 사람이 더 일탈하고자 하겠는가 또는 일탈을 한 적이 있는 사람이 또다시 일탈하고자 하겠는가?

불행히도 사회학에서는 이러한 질문에 대한 해답이 제시되어 있는 것 같지 않다. 그런데 범죄의 경우 처음 범죄를 저지르는 것보다 한번 범죄를 저지른 자들이 재범할 가능성이 높다는 통계는 나와 있다. 물론 왜 그래야 하는지 이론적인 해답은 제시되어 있지 않다.

이러한 강화효과(escalation effect)가 유독 범죄에 대해서만 성립할까 다른 모든 일탈행위에 대해서도 성립할까? 이는 확실치 않은 것 같다. 그러나 위에서 말한 낙인효과를 이용하여 설명할 수는 있을 것 같다. 우선 첫 번째 일탈행위를 할 때 이득과 비용을 고려한다. 이득은 통쾌함이다. 비용은 낙인효과다. 즉 사람들이 나를 미친놈 취급할 가능성이 있다. 일단 첫 번째 일탈을 선택하고 두 번째 일탈을 할지 고민한다고 하자. 여전히 일탈의 이득은 통쾌함이다. 일탈의 비용은 마찬가지로 낙인효과이지만 낙인의 정도가 다르다. 일탈을 계속해 나갈수록 낙인의 강도는 점차 강해진다. 점점 더 사람들은 이 자가 정말 미친 사람일 것이라는 믿음을 강하게 갖게 되고 결국 점차적으로 낙인찍혀 나가게 된다. 이 미친 사람일 것이라는 믿음이 처음에는 빨리 증가하지만, 이 믿음이 계속 커져서 확률 1에 가까워지면 또 한 번의 일탈행위를 하더라도 더 이상 크게 증가하기 어렵다. 다시 말해 일탈이 반복되면, 이미 낙인효과는 굳어져서, 설령 또 한 번의 일탈을 하더라도 이 사람에 대한 평판은 크게 달라질 것이 없다. 별로 잃을 것이 없다. 따라서 이런 사람은 아무런 망설임 없이 아무데서나 드러누워 잠자고 아무데서나 소리 지르는 등의 이상한 행동을 일삼을 것이다.

예를 들어 이혼의 경우를 생각한다면, 첫 번째 이혼은 잘들 한다. 조금만 안 맞는다 싶으면 일을 저지르고 본다. 왜냐하면, 한 번쯤의 이혼으로 성격파탄자라는 낙인찍기 효과는 별로 없다. 그러나 또 한 번의 이혼? 이건 문제가 다르다. 좀 더 신중해야 한다. 왜냐하면, 이번에도 섣불리 이혼했다가는 정말 성격파탄자로 낙인찍혀 이 사회에서 발붙이고 살아가기 힘들지 모른다. 따라서 일탈의 경험이 없는 사람보다 한두 번의 일탈의 경험이 있는 사람이 더 일탈행위를 하지 않기 위해 조심할 것이다.

실제로 사회학자 Cherlin(1978)은 "한 번 이혼한 사람은 두 번 이혼한 자에게 붙을 낙인이 두려워 또 한 번의 이혼을 망설이게 된다"고 주장하였다. 내가 주장한 낙인효과를 고려한 일탈이론은 Cherlin의 주장과 잘 부합한다고 할 수 있다. 그러나 이러한 결론은 단지 이혼의 경우에만 적용되는 것은 아니고 훨씬 보편적인 일탈행위에 대해서도 성립할 것이라고 생각된다. 적어도 그것이 낙인화 자체를 즐기는 싸이코패스가 아니라면, 그래서 낙인화를 두려워하는 사람이라면 이러한 초기 낙인효과에 대한 두려움으로 일탈행위를 주저하는 경향은 분명히 존재할 것이다.

참·고·문·헌

Cherlin, 1989, Remarriage as an Incomplete Institution, American Journal of Sociology 84, 634-650

후기

일탈에 관한 이 연구는 내게 많은 첫 경험을 안겨주었다. 우선 경제학의 세계에서 벗어나 높게만 느껴졌던 장벽을 넘어 다른 학문 세계를 침범한 첫 번째 연구주제였다. 또 경제학회가 아닌 다른 학회에 참가해서 다른 학문을 하는 전문가들과 진지한 이야기를 나누어 본 첫 번째 경험이었다. 셋째, 1999년 San Diego에서 열린 SABE(Soiety of advancement of Behavioral Economics) 학회에서 이 논문을 발표했는데 그때만 해도 이름조차 생소했던 행동경제학(behavioral economics)과 처음 인연을 맺게 된 계기가 되었다. 나는 그 이후에도 SABE 학회에 여러 번 참가하여 좋은 친구들을 많이 사귈 수 있었다.

이 논문은 경제학에서 가장 권위 있는 학술지인 Journal of Political Economy(JPE)와 Journal of Economic Behavior and Organization(JEBO)이라는 행동경제학 특화 학술지에 투고했다가 모두 거절되고 Journal of Institutional and Theoretical Economics(JITE)에 보내서 쉽게 게재판정을 받았다. 이것이 JITE와의 첫 인연이었고 그 후 JITE는 내 연구 style을 존중해 주는, 그리고 내가 가장 좋아하는 학술지 중의 하나가 되었다.

yes man과 no man

우리 주변에는 늘 기존 권위와 질서에 반항하고 자기만의 방식과 세계만을 존중받기 원하는 반골들이 있고 이들을 소위 노맨이라 부른다. 이들의 행위는 매우 특이하여 눈에 띄기 쉽다. 사람들은 이들을 경외의 눈초리로 바라보면서 저 사람은 천재가 아닐까? 천재라서 저러나? 틀림없이 보통사람은 아닐 거야. 보통사람이라면 저런 행동은 하지 않을 테니까 등등 온갖 억측을 하기 마련이다. 돌이켜보면 이들 중에는 진짜 천재도 있지만, 그저 천재인 척 시늉만 하는 사람들도 많았던 것 같다. 이들을 잘 구별해야 하는데(그렇지 않으면 잘못 이들을 따라 하다가 낭패를 볼 수 있음) 사람들은 이런 사람들은 그냥 천재라고 믿어버리는 경향이 있다. 이러한 경우 사회적으로 심각한 문제를 초래할 수 있다.

예를 들어 모 영화감독의 경우 그의 그로테스크한 작품세계 때문에 사람들은 그의 작품을 잘 이해하지 못 해도 좋은 상들을 주곤 했는데 세월이 흐르면서 그 감독은 잊혀져 가고 사람들의 평가도 달라지는 것 같다.

왜 노맨이라 불리우는 사람들은 평이한 길을 두고 저렇게 힘든 길을 가려고 할까? 그렇게 해서 무언가를 얻기 위함인가 아니면 단지 그들의 바뀔 수 없는 성향 때문일까? 나 스스로도 때로는 반골기질이 있다고 생각하던 차에 이러한 행위의 내면에 숨겨져 있는 심리를 파헤치고 싶어졌다. 물론 나의 분석방식은 심리학적 방식이 아니라 경제학적 방식 즉, 특이해 보이는 행위도 모두 합리적인 선택의 결과라는 소위 합리적 선택이론에 입각한 것이다.

내가 예스맨과 노맨의 경제학, 좀 더 구체적으로는 노맨의 불복성향이 과연 그의 천재성을 나타내 주는가 라는 다소 도발적인 주제들 들고 다닐 때 미국의 어느 동료교수가 "내 아들은 오페라극단에서 무대설치 등을 도와주고 있었는데 위에서 하라는 대로 하지 않고 늘 자기 방식을 고집하다가 결국 해고되었다. 그러면 내 아들은 천재인가?"라고 물었다. 내가 아무리 예스맨과 노맨의 경제학에 대해 연구하는 중이었다 하더라도 내가 뭐라고 대답할 수 있었을까? 그냥 "아들에게 물어보세요. 왜 그랬는지." 다른 더 좋은 대답은 떠오르지 않았고 내 연구가 완성된 후에도 그 질문에 대한 확실한 진단은 어렵다. 다만 두 가지 가능성이 모두 있고 진실은 그 아들만 알고 있을 것이다.

나는 조직 내에서 예스맨으로 행동하는 것이 합리적인가 노맨으로 행동하는 것이 합리적인가 하는 이분법적 결론을 이끌어내려는 것은 아니다. 예스맨처럼 행동하는 데에도 합리적인 이유가 있고 노맨으로 행동하는 자들도 나름 합리적인 이유가 있다는 말을 하고자 한다. 물론 내가 생각하는 합리적 이유는 보통 예스맨과 노맨의 행위를 이해하고 설명하는 것과는 다르다. 흔히들 예스맨은 상사의 지시에 무비판적으로 순응하기만 하는 수동적인 사람으로 인식되기 쉽다. 그러나 하나의 조직은 각 구성원들이 가지고 있는 정보를 가장 효율적으로 집적하고 이를 잘 활용해야 한다. 상사의 지시 안에는 상사가 가진 모든 정보와 그의 판단력이 담겨져 있다고 볼 수 있기 때문에 부하 직원이 설령 상사와 다른 의견을 갖는다 하더라도 상사의 지시를 함부로 무시하고 자신의 의견만을 고집하는 것은 합리적일 수 없다. 물론 승진에 있어서의 불이익을 고려하면 더욱 그러하지만 이러한 처벌이 없다고 하더라도 합리적이지 않다는 것이다. 그러나 부하 직원이 판단할 때 분명 자신이 옳다고 생각한다면 즉 자신의 의견에 확신이 있다고 한다면 이때에는 자신의 반대되는 의견을 피력하는 것이 합리적일 수 있다. 즉 노맨이 되는 것이 합리적이고 조직을 위해서도 바람직할 수 있다는 것이다.

간단히 생각해서 상사는 이 사업을 추진할지($d = 1$) 또는 포기할지 ($d = 0$) 지시할 수 있다 하자. 잠재적 수익성인 θ가 0 이상이면 추진하는 것이 맞고 0 이하이면 포기하는 것이 낫다고 하자. 상관이건 부하직원이건 수익성에 대한 나름대로의 정보가 있게 마련이다. 상관의 정보를 v_c, 부하의 정보를 v_s라 하고, 이들 정보가 편향성이 없다고 하면, $v_i = \theta + \epsilon_i$(단 ϵ_i는 평균이 0인 정규분포)라 가정할 수 있다. 그런데 ϵ_c는 상관의 정보 오차이고 ϵ_s는 부하 직원의 정보 오차이다. 또한 이러한 오차의 분산을 생각할 수 있는데 상관의 분산이 부하 직원의 분산보다 더 작다면 이는 상관의 정보가 거의 평균값 근처에 모여 있다는 것을 의미하고 따라서 상관의 정보가 더 정확할 가능성이 크다는 것을 뜻한다. 이 경우 어떤 사람의 정보 분산이 작다는 것은 그 사람의 전문성이 높다고 해석할 수 있다. 그의 정보의 신뢰성이 높다는 것이다. 따라서 두 부하 직원이 똑같은 정보 v_s를 갖고 있다 하더라도 한 사람은 이 정보에 대한 분산이 매우 작고(상관보다도 작고) 다른 부하 직원의 분산은 상관보다 크다면 두 번째 직원은 상관의 지시에 순응하는 예스맨을 택하는 것이 합리적이겠지만, 첫 번째 직원은 자신이 상관보다 더 전문성이 있으니까 상관의 지시에 대해 자신 있게 반대할 수 있을 것이다. 그것이 그의 합리적인 선택이다. 이러한 경우 그가 더 잘 알기 때문에 상관 말에 반대하는 것은 사실 조직을 위해 문제 될 것이 없다. 바른말을 고하는 것뿐이고, 오히려 이런 사람이 예스맨이 된다면 이것이 더 문제일 것이다.

문제는 다음과 같은 상황에서 발생한다. 위에서 추론한 것처럼 전문성이 높은 사람일수록 상관의 지시에 반대하는 경향이 크다. 여기까지는 문제가 없는데 만약 모두가 자신의 전문성 수준은 잘 아는데 서로가 서로의 전문성은 잘 모른다 하자. 그리고 이것이 현실에 가깝다.

아주 전문성이 뛰어난 몇몇 사람과 아주 전문성이 없는 몇 사람을 제외하고는 사실 누가 더 전문가인지 판단하기 어렵다. 이러한 경우에 누구나 자신이 매우 전문가인 것처럼 보이고 싶은 욕구는 있다. 따라서 위에서 전문성이 높은 사람일수록 불복성향이 강하다는 사실을 고려하여 전문성이 높지 않음에도 불구하고 전문가처럼 보이기 위해 일부러 지나치게 상관지시에 불응하는 노맨이 되는 사람이 있을 것이다. 이러한 노맨은 문제가 심각하다. 그들의 정보는 정확하지도 않다. 그러면서도 보다 정확한 정보를 받아들이지 않는다. 물론 이처럼 남에게 어떻게 보이느냐를 중요하게 여기는 사람이라면 그에게는 이것이 합리적인 선택이다. 그러나 이는 그 사람의 합리적 선택일 뿐 이 조직, 이 사회를 위해서는 바람직하지 않다. 이처럼 정보의 문제가 있을 때에는 개인의 유인과 사회의 유인이 반드시 합치할 이유는 없는 것이다.

앞에서 말한 동료 교수의 아들은 진짜 노맨일까 가장된 노맨일까? 만약 그보다 훨씬 무대장치에 대한 전문성이 뛰어난 사람이 있었다면 그를 해고하는 것이 맞는지 그의 건의를 받아들이는 것이 맞는지 판단할 수 있을 것이다. 그런 전문가가 없다면 우리 사회에는 망둥이가 뛸 때마다 꼴뚜기가 뛸 것이고, 누가 망둥이인지 누가 꼴뚜기인지 구별 못 한 채 누구의 말을 믿어야 할지 분간 못 한 채 방향감각을 잃고 표류하게 될 것이다.

우리 조직은 예스맨을 필요로 하는가 진정한 노맨을 필요로 하는가?

후기

이 글을 쓰면서 생각했다. 내가 이 글을 박사학위 논문으로 썼다면 내 지도교수는 어떤 말을 했을까? 그는 나를 지도하면서 여러 번 내게 한 말이 있다. 보통 사람들은 다른 사람들의 논문을 먼저 읽고 그 논문들이 채택하고 있는 가정 중에 현실성이 없고 마음에 들지 않는 것을 보다 현실적 가정으로 바꾼 수정된 모형을 분석하여 기존 이론들을 발전시켜 나가는데, 내가 취하는 방법은 다른 사람들 논문을 읽기 전에 먼저 혼자 생각한 후 내 연구를 기존의 연구들과 관련시킨다는 것이다. 그러면서 늘 덧붙인 말이 후자의 방법을 택하는 사람도 있었는데 John Nash가 바로 그런 사람이라는 것이다. 이 말은 내가 John Nash 정도로 훌륭하다는 뜻으로 한 말은 당연히 아니고 그런 방법은 John Nash 정도 되는 사람이나 할 수 있는 방법이니 접근방법을 바꿔보라는 완곡한 충고였다.

나는 그 말을 듣는 순간 생각했다. 나더러 저렇게 시시한 연구를 하도록 지도하는 사람에게 내가 무슨 지도를 받을 수 있을까. 나는 남들이 거의 다 지어놓은 세계에 들어가서 그 집을 완성하기 위해 이렇게 내 인생의 소중한 시기를 4년씩이나 보내고 있는 것이 아니다. 나는 내 집을 잘 짓는 방법을 배우기 위해서 미국까지 온 것이다. 솔직히 내 지도교수는 나름 이름이 나 있고 그의 연구를 좋아하는 사람들도 있는 것은 사실이지만 나는 그가 지어놓은 어떠한 집도 그다지 가치 있어 보이지 않는다. 그의 연구방향은 그야말로 그가 말한 대로이다. 어떤 큰 연구결과가 있으면 이 결과를 조금 개선해 보는 것. 사람들은 원래의 큰 연구결과를 기억하지 그 후속 액세서리들은 기억하지 못한다.

남들에게 기억되기 위해서 연구를 하는 것은 물론 아니다. 바꾸어 표현하면 정말 가치 있는 일은 처음에 뭔가 중요한 것을 발견해 내는 것이지 이러한 발견을 닦아서 세련되게 보이는 일은 사실 본질적인 일이 아니다. 물론 누군가가 처음 발견은 했는데 쓸 수 있는 상태는 아니었을 때 이를 쓸 수 있게 만들었다면 이는 그 자체가 새로운 발견이고 의미 있는 일이다. 그러나 그런 것도 아니다. 좌우간 나는 아무도 거들떠보지 않는 황무지에서 뭔가 가치 있는 새로운 물건을 발견해 보겠다는 생각으로 연구하고 그것이 적어도 내게는 옳은 방향이라고 생각한다.

종교의 규범

"고전적인 비즈니스 복장은 짙은 회색, 검정색, 짙은 남색이다. 블레이저를 입었을 때는 주머니에 아무 것도 넣지 말아야 하고 자켓의 단추는 서 있을 때는 잠그고 앉아 있을 때는 항상 풀어야 한다."
- UBS의 dress code -

나는 모태신앙으로서 어려서부터 성당을 다녔다. 따라서 결혼할 때도 거룩한 혼배성사를 받으며 하느님과 지인들의 축하를 받으며 결혼하기를 원했다. 그런데 이를 준비하는 과정에서 뜻하지 않게 성당의 까다로운 예식절차로 인하여 집사람이 상처를 입게 되고 결국 포기할 수밖에 없었다. 나와 우리 가족의 행복을 위해 종교가 필요한 것이지 종교를 위해 우리가 존재하는 것은 아니지 않는가. 친구들과 이런 이야기를 하다가 우연히 자기 아이 첫 영성체 교육을 받는 과정에서 하루 수업을 빠졌다고 성사를 못 받게 되었다는 말도 들었다. 그때 생각했다. 왜 종교 집단들은 관심과 호의를 갖고 찾아온 사람들에게 이처럼 지나칠 정도로 까다로운 잣대를 적용해서 오겠다는 사람, 믿어

보려는 사람들마저 외면하게 만드는가? 참으로 궁금하고 답답했다. 물론 그 반대의 경우도 있다. 어떤 종교의 경우는 아직 믿지 않는 사람들의 환심을 사서 교인으로 인도하기 위해서인지 별의별 궂은일까지 마다하지 않으면서 부담스러울 정도로 아낌없는 도움을 준다.

과연 종교집단의 규범은 누구에 의해 어떻게 어떤 원리에 의해 만들어지는 것일까? 우선 종교규범을 포함한 모든 집단의 규범은 그 집단과 그 구성원들의 장기적인 존속 기반을 확립하기 위해서 만들어진다고 할 수 있다. 이를 위해 처음에는 소수의 구성원들이 규범을 정할지 모르나 점차 진화되어 간다. 규범이 소수의 엘리트 집단지도자에 의해 만들어진 행동 코드이든 점진적 진화의 결과이든, 규범은 그 구성원들의 행위를 규제하는 데 있어서의 그 중요성 때문에 인간의 행위를 이해함에 있어 꼭 살펴봐야 할 사회시스템의 일부분이다. 한편, 종교집단의 규범은 의식주, 독서, 오락형태와 같은 사소한 문제로부터 집단의 안위와 관련된 심각한 문제에까지 다양한 범위에서 인간의 용인되지 않는 행위와 준수해야 하는 행위 등을 명시하고 있다. 특정한 형태의 모자를 착용해야 한다는 것은 전자의 규범에 속하고, 수혈거부나 토요일의 종교집회와 같은 규범은 후자에 속한다. 인도에서는 고위층 힌두교인들은 간디모자라는 것을 착용하는 데 비하여 영향력 있는 이슬람교도들은 자신들의 특이성을 강조하기 위하여 털로 만든 지나모자를 착용한다. 이처럼 특정 의상을 착용해야 한다는 규범은 종교집단의 정체성과는 그다지 관련이 없어 보이지만 수혈거부와 같은 규범은 의심할 여지 없이 종교의 교리를 반영하고 있다. 유대인들이 먹어도 되는 것과 먹어서는 안 되는 것을 규정해 놓은 전통적인 음식규범인 카쉬루트 역시 그들의 율법과 관련이 있다. 예를 들면 포도주도 율법에 따라 제조된 것이어야 하고(따라서 유대인이 생산하지 않은 포도주는 마시지 않음) 피는 먹기 전에 모두 제거해야 하며 먹을 수 있는 고기라도 유대 율법에 의해 도살된 것이어야 한다. 물론 이러한 구분이 명확한 것은 아니다. 예컨대, 스님들은 삭발을 한다. 이러한 규범은 비록 그것이 속세의 물질적인 것에 대한 해탈로 해석될 수 있을지라도, 불교의 교리와는 무관해 보인다. 또한, 위에서 말한 대로 어떤 규범은 구성원들이 기꺼이 준수하고 쉽게 준수할 수 있는 것인데 비해 어떤 규범은 불쾌하고 심지어 고통스럽기까지 한 것도 있다. 예컨대, 한국의 신입생 환영회나 미국의 fraternity 같은 집단은 치사량에 가까운 음주를 요구함으로써 동지애에 대한 맹세를 요구한다. 대학의 음주문화는 동양이나 서양이나 점차 극단으로 치달아 최근에는 미국에서 매년 음주로 인한 치사자가 평균 50명에 달한다. 불교에서 요구하는 108배는 어떠한가. 하루에 5번 기도하고 1년에 30일 금식을 요구하는 샤리아의 율법은 또한 어떠한가. 이처럼 종교의 정체성과도 무관한 것 같은 고통스런 규범을 강제하는 것은 집단에의 유인책이기는커녕 오히려 높은 장벽과도 같아 그 집단을 멀리하도록 할 것 같다는 점에서 불가사의에 가깝다.

그러면 왜 어떤 종교집단의 규범은 그 정체성과는 무관하게 구성원들을 힘들게 하는가? 이 질문에 대해서는 정치학 분야에서는 Tocquieville (1835)까지 거슬러 올라가는 오랜 역사를 가진 합리적 선택이론의 견해를 따라 사람들은 공동의 목표를 보다 효과적으로 추구하기 위해 집단에 가입한다는 가정으로부터 출발해서 답을 찾아가 보자.

합리적 선택이론에서는 집단을 공동생산을 극대화하고자 하는 개체라고 본다. 다른 한편, 개별구성원은 집단에의 충성도가 각기 다르다. 충성스런 구성원은 집단의 활동을 위해 자신의 사적 자원을 보다 많이 지출할 용의가 있다. 따라서 집단의 지도자가 집단구성원들의 충성도에 관심을 갖는 것은 당연하다. 나는 집단의 지도자가 개별 구성원의 충성도를 일일이 알 수는 없을 때 많은 구성원들에게 불쾌하고 심지어 고통을 주는 규범을 만들어서 이를 불충한 구성원들을 걸러내는 리트머스 시험지로 사용할 수 있다고 생각한다. 뿐만 아니라, 구성원의 충성도는 집단의 정체성과는 무관해 보이는 행위에 의해서도 신호될 수 있다. 위에서 말한 간디모자와 지나모자가 그 예이다.

집단의 정체성은 집단 구성원의 행위에 심대한 영향을 준다는 사실이 보고되어 왔다. 예컨대, 2007년 강력한 대선주자 중 한 명이었던 손학규는 한나라당을 탈당하여 열린우리당에 입당하였다. 그 후 그는 자신의 정치적 입장을 완전히 바꾸었다. 이러한 행위는 그의 새 정당의 정체성에 전적으로 기인한다고 볼 수밖에 없다.(다른 많은 예를 위해서는 Akerlof and Kranton(2000)을 참조하라) 어떤 사람이 어떤 특정 집단에 속해 있으면, 그는 특정한 방식으로 행동하도록 되어 있다. 그러나 집단의 규범이 그 집단의 정체성을 그대로 비출 필요는 없다.

이 글의 초미에 있는 인용구는 스위스은행 UBS가 남성직원과 여성직원으로 나눠 해야 할 것과 하지 말아야 할 것을 담은 43페이지 분량의 드레스 코드이다. 이 밖에도 여성에게는 살구색 속옷을 입도록 했고, 남성의 양말 색깔은 엄격히 제한했다. 여성의 스커트 길이는 무릎 중간 부분에 닿아야 하고 블라우스와 속옷이 너무 달라붙어서는 안 되고 첨단 유행을 따른 안경도 금지사항이다. 여성의 경우 장신구는 7개, 남성은 3개를 넘어서는 안 되고, 남성은 귀걸이가 금지되며 여성은 아침에 향수를 사용해야 하지만 점심시간에 향이 다른 향수를 뿌려서는 안 된다. 직원들은 점심식사로 마늘이나 양파가 포함된 음식을 피해야 하고 흡연자는 흡연 후 반드시 양치질을 하여 담배 냄새를 없애야 한다. 이는 종교규범은 아니지만 어떤 집단의 규범을 왜 이처럼 까다롭게 만드는지 느끼게 한다.

참·고·문·헌

Akerlof, G. and R. Kranton, 2000, Economics and Identity, Quarterly Journal of Eco-nomics 115, 715-753

Tocqueville, A., 1951, Democracy in America, ed. by Phillips Bradley, New York: Knopf [Originally published 1835]

후보단일화의 진실

2002년 대선이 노무현 후보의 승리로 끝났을 때 어느 누구도 노무현, 정몽준 간의 후보단일화가 가장 중요한 변수 중 하나였다는 것을 부인할 수 없었을 것이다. 그만큼 당시 후보단일화 여부, 방식, 결과 등은 뜨거운 감자 중 감자였다. 당시 여론조사에 의하면 "후보단일화가 되면 단일화후보가 이긴다"는 것이었고 이는 거의 확실했다.

그런데 사회과학자의 눈으로 볼 때는 누가 단일후보가 되는가만큼이나 흥미 있고 관심 있는 문제는 후보단일화를 위해 국민신당이 내놓은 단일화 방안이 과연 적절했는가라는 점과 과연 후보들이 단일화 의사가 있었는가라는 점이다.

이들이 단일화 방안을 만들 때 가장 고심했던 부분은 선거에 있어서의 역선택의 방지이다. 여기서 "선거에 있어서의 역선택"이란 노무현, 정몽준의 공동의 적인 이회창 후보와의 양자대결에서 약한 자가 선택되어서는 안 된다는 것이다. 즉 노무현, 정몽준 두 후보자 간의 대결에서는 강하더라도 그가 이회창과의 양자대결에서 상대적으로 약하다면 선택되지 말아야 한다는 것이다. 이처럼 역선택을 방지하는 단일화방안. 어떻게 설계되어야 했을까?

이들은 다음과 같은 단일화방안을 내놓았다. 여론조사에 의해 노무현, 정몽준 중 지지도가 높은 후보로 단일화하되, 최근 여론조사보다 이회창후보가 더 적은 표를 얻으면, 이는 이회창 지지세력이 이회창에게 약한 후보를 밀어주기 위해, 즉 역선택을 이끌어내기 위해 여론조사에 거짓으로 응한 것으로 해석할 수 있으므로 무효로 한다는 것이었다.

이는 역선택을 방지하려는 노력을 보이는 듯하지만 사실은 그렇지 않다. 왜냐하면, 이 단일화 방안은 최근 여론조사 때보다 이회창 후보의 지지도가 계속 하락할 수도 있다는 가능성을 배제하고 있기 때문이다. 만약 실제로 이회창 지지도가 하락하고 있었고, 모든 사람들이 여론조사에 정직, 성실하게 응했다면 후보단일화는 무효가 되었을 것이다. 이렇게 합리적인 추론을 해 보면, 결국 이 방안은 진지한 후보단일화를 위한 노력이 아니라 후보단일화를 위한 노력을 했다는 것만 보여주려는 일종의 쇼였던 것이다. 어느 누구도 진정으로 후보단일화를 원했던 후보는 없었던 것 같다. 이 후보단일화 안에 담긴 더 놀라운 진실은 다음과 같다. 후보단일화를 가장 원치 않았던 사람들은 누구일까? 당연히 이회창 후보 지지자들일 것이다. 이들은 이 어리석은 후보단일화안 덕분에 아주 쉽게 이회창을 당선시킬 수 있었다. 왜냐하면, 이들이 여론조사에서 합심해서 모두 노무현이나 정몽준을 찍으면 바로 후보단일화를 무효로 만들 수 있고 아주 쉽게 단일화를 저지, 그 결과 이회창 후보를 쉽게 당선시킬 수 있었다. 이는 이회창 후보의 지지자들간에 여론조사에서 어느 후보를 거짓으로 밀어줄까 하고 입을 맞출 필요도 없다. 그냥 이회창이 아닌 아무에게나 표를 던지면 후보단일화는 아주 쉽게 무산시킬 수 있었다. 그러나 이회창 후보의 지지자들은 어리석게도 이러한 어리석은 단일화 안의 맹점을 이용하지도 못했다. 결국 사람들이 한 번도 아닌 두 번 틀려서 우연히 정답을 맞춘 꼴이 되었다.

후보단일화 안을 설계하려면 우선 유권자들의 투표행태와 현상에 대한 보다 깊은 이해가 선행되어야 한다. 선거에 있어서 역선택이 왜 발생하는가? 신문, 잡지와 같은 미디어에서는 이를 명확히 밝히지 않았는데, 사실 역선택은 두 가지 서로 다른 source에 의해 발생할 수 있다.

첫째, 투표자들의 선호가 순환적(cyclical)일 수 있기 때문이다. 이것이 유명한 콩도르세 역설(Condorcet paradox)이다. 예를 들어

A, B, C 세 명의 후보자가 있다고 하고, 甲, 乙, 丙 세 명의 유권자가 있다고 하자. 이 세 유권자가 선호하는 순서는 甲은 $A > B > C$이고, 乙은 $B > C > A$, 丙은 $C > A > B$라 하자. 이 경우 A와 B간에 다수결 투표를 하면 A를 더 선호하는 사람이 甲과 丙 두 사람이므로 A가 당선될 것이다.($A > B$) B와 C간에 다수결 투표를 하면 B를 선호하는 사람이 甲과 乙 두 사람이므로 B가 당선될 것이다.($B > C$). 마지막으로 A와 C간에 투표하면 C를 선호하는 사람이 乙과 丙 두 사람이므로 C가 당선된다.($C > A$) 즉, 다수가 A를 B보다 좋아하고, B를 C보다 좋아하지만 A를 C보다 좋아하는 것이 아니고, C를 A보다 좋아한다. 이를 콩도르세의 역설이라고 한다. A를 B보다 좋아하고, B를 C보다 좋아하면 이 사회는 A를 가장 원하고 C를 가장 원치 않는다는 뜻인데 오히려 C를 A보다 더 선호한다고 하니 역설이 아닐 수 없다. 이는 프랑스대혁명시대의 수학자이자 정치학자인 콩도르세가 다수결 제도가 만능이 아니라는 것을 입증하기 위해 만든 예라고 한다. 여론조사 결과 이회창 > 정몽준이고 정몽준 > 노무현이어도 노무현 > 이회창일 수 있다는 것이다.

둘째, 이회창의 지지자가 이회창에게 더 약해 보이는 후보자를 전략적으로 허위지지해서 약한 자와의 양자대결을 유도할 수 있기 때문이다. 이러한 투표행위를 전략적 투표라고 한다. 유권자들은 자신이 가장 선호하는, 가장 지지하는 후보만을 찍는 것이 아니다. 투표도 전략(strategy)이다. 투표는 정직한 선택이 아니라 합리적 선택이다. 특히 이러한 전략적 투표는 2단계 투표의 경우 비일비재하게 발생한다.

그러면 과연 2002년 당시 후보단일화를 위해 마련한 후보단일화 방안은 이러한 역선택의 가능성을 차단하고 진정 이회창 후보에게 강한 후보의 선택을 보장해 줄 수 있는 방안이었는가? 위에서 말한 대로 전혀 그렇지 못했다는 것이다. 이제 우리의 관심은 역선택방지 mechanism으로서 다음과 같은 간단한 경우를 고려하자.

a, b, c 세 명의 후보자가 있다고 하면 이들에 대한 유권자들의 선호는 다음과 같은 6가지가 있다; $abc, acb, bac, bca, cab, cba$. 이 중 a를 가장 좋아하는 유권자의 비율을 α, b를 가장 좋아하는 유권자의 비율을 β, c를 가장 좋아하는 자들의 비율을 γ라 할 때 모든 사람들은 α가 가장 크다는 것을 알고 있다고 하자. 즉 현재 그대로 투표를 하면 a가 당선될 것이 뻔하다는 것을 알고 있다고 하자. 따라서 b와 c가 후보단일화를 하고자 한다.

만약 유권자들의 선호에 대한 추가적인 정보가 없다면 즉 b, c중 누가 더 a에게 강한지 알 수 없다면 유권자들은 단일화 투표에서 전략적 투표를 할 이유가 전혀 없다. 그러나 역선택은 가능하다. 즉 유권자들의 선호를 모르기 때문에 단일화 투표에서 선택된 후보가 사실은 a와의 양자대결에서 약한 후보일 가능성이 있다. 이러한 역선택을 막기 위해서는 여론조사에서 단순히 가장 선호하는 후보 한 명만 적는 단기명투표를 하면 안 되고 순위를 적도록 해야만 순환적 선호로 인한 역선택을 방지할 수 있을 것이다.

유권자들의 선호에 대한 추가적 정보가 있다면, 예컨대 c가 b보다는 a와의 양자대결에서 승산이 더 크다는($p_c > 1/2 > p_b$) 확실치 않은 추가적 정보가 있다고 하면, 이러한 정보로 인하여 전략적 투표가 발생할 것이며 이로 인한 역선택의 문제는 보다 심각할 것이다. 즉 b의 지지자는 오히려 c를 지지하고 a의 지지자는 오히려 b를 지지하는 척 전략적 투표를 할 것이다. 이 경우 역시 단기명투표로는 역선택을 방지할 수 없으므로 순위를 적도록 하되 a보다 선호하는 사람이 많은 후보자로 결정해야 할 것이다. 단기명투표를 하면 유권자들의 선호에 대해 너무 많은 정보를 잃게 된다. 따라서 순위를 적게 함으로써 유권자들의 선호에 대한 정보를 극대화하고 다만 전략적 투표의 가능성을 막기 위해 무효조항을 적절히 활용해야 할 것이다.

즉 a의 지지자는 b를 지지하는 전략 투표를 방지하기 위해서는 b를 a보다 먼저 쓴 응답자의 비율이 1/2보다 크게 나오는 경우 무효로 간주하고 무효가 되면 단일화를 없던 것으로 하는 것이 아니라 투표 결과와 관계없이 b와 c중에 임의로(정확히는 일정 확률로) 한 명으로 단일화하기로 하면 b나 c의 지지자들이 전략적 투표를 하는 것까지 방지할 수 있다.

후기

후보단일화에 대한 연구결과를 발표한 것은 대선 직후 한국정치학회에서였다. 놀랍게도 한국정치학회에서 발표하기 위해서는 우선 정치학회 회원으로 가입되어 있어야 하고 학회에 가입하기 위해서는 정치학회 기존회원들의 추천을 받아야 한다. 이러한 엄격한(?) 절차를 모두 거친 사람에 한해서만 발표의 기회가 주어진다. 정치학의 특성인지 모르나 진입장벽이 너무 높다. 경제학회는 자유시장경제를 신봉하는 사람들이 모인 집단이어서 그런지 이러한 거추장스런 진입장벽이 전혀 없다. 아무튼, 나는 북한학과 고유환교수의 추천으로 정치학회에 입회하게 되었고, 발표의 기회가 주어지는 영예(?)를 얻는다.

나는 이 후보단일화에 대한 연구를 정치학자들과 함께 토론할 수 있는 기회가 주어진다는 것만으로도 행복했다. 그러나 불행히도 이 논문을 충분히 이해하고 적절한 논평을 해 준 사람은 아무도 없었다. 한 가지 매우 인상적인 논평은 있었다. "경제학은 효율성을 추구하는 학문인 것으로 아는데 왜 아무도 못 알아듣는 비효율적인 언어로 발표를 하는가?" 그런 황당한 비판이든 다른 어떤 비판이든 아무튼 좋다. 경희대 정치학과의 임성호 교수나 서울대 정치학과의 박찬욱 교수처럼 이러한 경제학적 접근에 대해 호의적으로 인정해 주는 몇 사람만이라도 만난 것으로 족했다.

발표 다음 날 내가 방학 기간을 이용하여 외국으로 연구를 떠나려던 차였다. 아침에 잠시 학교 연구실에 들렀더니 어디선가 전화가 왔다. 리서치 앤 리서치의 노규형 박사라고 자신을 소개하면서 자기들이 후보단일화 안을 만들었다고 한다.

후보단일화 안에 문제가 있다면 어떻게 만들었어야 하느냐고 물어왔다. 나는 매우 의미 있는 토론의 기회가 주어졌지만 아쉽게도 공항으로 떠날 시간이 되어 다음을 약속하였다. 그날 이후 후보단일화 안에 대해서는 더 이상 거론할 기회가 없었다.

더치페이에 대하여

우리는 어려서부터 친구들과 같이 식사를 하고 나면 누가 계산을 해야 할지 고민하면서 살아왔다. 이러한 고민은 더치페이라는 편리한 개념을 배우고 나서 사라져 버렸다. 자기가 먹은 것은 자기가 내고 함께 먹었다면 n명이 똑같이 나누자. 아마 우리 나라에서 회식을 한 뒤에 이렇게 하자고 주장한다면 밥맛없는 녀석이라고 속으로 생각할지는 모르지만 한편으로는 아마 거의 모두가 합리적인 방법이라고 생각할 것이다. 그런데 이것이 과연 합리적인 방법인지는 다시 한 번 깊이 생각해 보자.

먼저 회식의 지불방식이 왜 보통 다른 소비행위에 대한 지불방식과 달리 문제가 되는지 생각해 보자. 회식의 소비량은 나 혼자의 선택에 의해서 결정되지 않는다. 이는 통상적인 소비행위와는 다르다. 보통은 내가 먹고 싶은 만큼 먹고, 마시고 싶은 만큼 마신다. 보고 싶은 만큼 보고, 입고 싶은 만큼 입는다. 그러나 그렇지 않은 상품이 있다. 예를 들어 전화를 하기 위해서는 내가 통화를 하고 싶어도 상대방이 응해줘야만 통화를 계속할 수 있다. 상대가 끊으면 그만이다. 탁구나 테니스 심지어 모든 팀 스포츠도 마찬가지이다. 상대가 있어야 운동을 즐길 수 있다. 우리가 주위를 살펴보면 이처럼 나 혼자 소비량을 결정할 수 없는 소비행위가 많이 있음을 관찰할 수 있을 것이다. 이러한 상품을 핑퐁재(ping-pong good)라고 부르기로 하자. 핑퐁재에 대한 수요는 전체 요금이 정해져 있다고 결정되는 것이 아니다. 이러한 소비행위에 참여하는 모든 소비자들 간에 이 전체요금을 어떻게 나누는가라는 지불방식이 사전에 합의되지 않는다면 결정되지 않는다. 여기서 우리는 크게 두 가지 지불방식을 생각할 수 있다. 서양식처럼 각자 내는 방식과 우리나라처럼 먼저 제안한 사람이 다 내는 방식. 과연 어떤 방식이 보다 효율적일까? 다시 말해 어떤 지불방식 하에서 사람들이 더 행복할 수 있을까? 만약 더치페이 방식에서 더 행복하다면 더치페이가 합리적인 지불방식이라고 말할 수 있을 것이다.

핑퐁재가 더 많이 소비되도록 하는 지불장식이 더 효율적인 방식이라는 점에 착안하여 소비자들이 핑퐁재를 언제 구입하는지 보자. 다음과 같은 매우 간단한 경우를 생각해 보자. 두 소비자가 회식을 한다고 하자. 두 사람의 회식으로부터의 가치는 v_1, v_2이다. 이 중 한 사람이 같이 회식을 하자고 제안하고 상대방이 이 제안을 받아들이면 회식을 하게 된다고 하자. 회식비가 일인당 p라고 하면, 더치페이 방식에서는 $v_1 \geq p, v_2 \geq p$일 때 회식이 이루어질 것이다. 한국식 방식에서는 어떠할까? 제안받는 사람은 돈을 안 내고 되니까 항상 제안을 받아들일 것이므로 먼저 제안하는 사람은 $2p$를 낼 것이다. 따라서 $v_i < 2p$이면 회식으로부터의 효용보다 자신이 부담해야 할 비용이 더 크므로 절대 제안하지 않을 것이다. 그렇다면 $v_i \geq 2p$이면 회식을 제안할까? 반드시 그런 것은 아니다. 왜냐하면, 내가 제안하지 않아도 상대가 먼저 제안하면 나는 돈 안 내고 무임승차할 수 있기 때문이다. 따라서 이러한 무임승차의 가능성을 고려하면 한국식 방식에서는 $v_i \geq 2p$일 때 회식이 이루어지는 것이 아니라 $v_i \geq p^*(>2p)$일 때 회식이 이루어진다. 그리고 이 부등호는 더치페이의 경우와는 달리 두 소비자 모두에게 성립해야 하는 것이 아니라 둘 중 한 사람에게만 성립하면 그가 회식을 제안함으로써 회식이 결정된다. 즉 더치페이에서는 둘 다 효용이 높아야 회식이 이루어지고 한국식 지불방식에서는 한 사람만 높아도 되지만 그의 회식으로부터의 효용이 매우 높아야 한다. 따라서 p가 높은 경우에는 한국식 방식에서 회식이 이루어지기 어렵기 때문에 더치페이가 효율적이지만 p가 아주 낮은 경우에는 한국식 지불방식 하에서 더 많은 회식이 이루어질 것이고 따라서 한국식 지불방식이 더 효율적일 수 있다.

만약 두 가지 지불방식이 공존하는 사회라면 장기적으로 어떤 방식이 살아남을까? 사회구성원의 일부는 더치페이 방식으로 살아가고, 나머지 사람들은 한국식으로 살아간다고 하자. 개화기 시점으로 돌아가서 정부가 강력히 어느 한 가지 방식을 강제하지는 않는다고 가정하자. 이들이 서로 만나서 끊임없이 교류를 한다고 할 때 과연 이 사회는 장기적으로 한 가지 지불방식으로 수렴해 감으로써 지불방식에 대한 하나의 규범이 형성될 것인가? 이는 진화론적 게임이론을 이용하여 설명할 수 있다. 사람들이 반복적인 교류과정을 거치면서 가장 높은 만족도를 주는 지불방식으로(다시 말해 적합도가 가장 높은 전략으로) 자신의 지불원칙을 바꿔나갈 때 이러한 동적인 조정과정의 결과, 한국식 지불방식은 진화적으로 안정적인 지불방식이 될 수 없다. 그 이유는 한국식으로 지불하는 집단에 더치페이식 소비자가 들어가면 그는 살 때는 더치페이식으로 자기 것만 내고 얻어먹을 때는 한국식으로 얻어먹기 때문에 항상 한국식 지불방식을 가진 자보다 만족도가 높게 된다. 따라서 장기적으로 한국식 지불방식은 사라지게 되고 더치페이식 지불방식만 남게 될 것이다. 그런데 왜 일본과는 달리 우리나라에서는 아직 한국식 지불방식이 사라지지 않고 잔존하고 있는지 의문이다. 아마도 앞에서 말한 것처럼 밥맛없는 녀석이라는 말을 듣기 싫어서가 아닐까 한다.

후기

내가 누군가에게 전화를 걸면 전화요금은 누가 내는가? 이 통화로부터 발신자나 수신자나 모두 효용을 얻지만, 발신자만 통화료를 내고 있다. 수신자는 무임승차하는 것이다. 이 논리를 일반화하여 두 사람 이상이 있어야 소비가 가능한 재화의 특성과 일반균형가격의 존재성 등을 재고찰함으로써 기존 경제학 교과서가 다루지 않은 새로운 경제이론을 만들어야겠다는 야심 찬 포부를 가지고 시작한 연구였다.

노벨상 수상자인 Tirole 교수가 Laffont 교수와 함께 수신자 부담 요금에 관해 연구를 시작했을 때 우리는 이미 수신자 부담요금에 대한 연구뿐 아니라 보다 일반화된 이론인 핑퐁재에 대한 연구까지 모두 마친 상태였다. Laffont 교수와 Tirole 교수에게 위 두 논문을 모두 보내주었는데 Laffont 교수는 한 마디 응답도 하지 않은 반면, Tirole 교수는 꼼꼼히 읽고 논평을 해 주고 자신들의 논문에 우리의 논문을 인용해 주었다. 또 연구년 휴가를 Berkeley에서 보내고자 Berkeley의 어떤 교수에게 논문을 보냈더니 몇 달 후 똑같은 주제의 논문을 Berkeley 교수가 쓰기 시작했음을 알게 되었다. 어이가 없어서 역시 위 두 논문을 보내주고 참고하라고 완곡히 말했다. 결국, 그들은 위 두 논문을 자신들의 논문에 인용하였다.

위에서도 말한 대로 정말 야심 차게 시작한 project였다. 따라서 당연히 경제학에서 가장 좋은 학술지라는 Journal of Political Economy에 투고했다. 기존의 개념인 공공재나 클럽재와 구별되는 새로운 개념인 핑퐁재를 소개하는 논문이라고. 아마 한 달 만에 rejection편지를 받았는데 심사평을 읽어보니 "이 논문은 공공재에 관한 연구로서..."로 시작된다. 그토록 공공재와 구별되는 이유를 한 페이지에 걸쳐 설명을 했건만 공공재에 관한 연구란다. 그 심사자가 우리와 생각이 다르다면 어떤 근거에서 우리의 주장을 받아들이지 못하겠는지 뭔가 자신의 주장을 제시해야 한다. 그런 것이 없이 심사자라는 이유로 아무런 근거 없이 우리의 주장을 무시하고 일방적으로 자기만 옳다는 식의 주장을 한다면 이 역시 폭력행사다.

reject되자마자 JEBO에 보냈고 보낸 지 10일 만에 accept편지를 받았다. 내가 지금까지 받은 70편 정도의 accept편지 중 가장 빠른 기록이었다.

이 연구작업은 동국대 배형 교수, 아주대 원동철 교수와 함께 수행하였다. 보통 경제학의 관행은 공동저자의 이름을 알파벳순으로 쓴다. 따라서 Bae, Kim and Won이 맞다. 그러나 배형 교수는 극구 자신의 이름을 내 이름 뒤로 빼달라고 요청하였다. 나는 이런 사람에게 경의를 표한다. 최근에 나의 미국인 공저자 중 한 명은 영어 문장 고치는 것 외에 내용에 대한 기여는 손톱만큼도 하지 않았는데 끈질기게 자기 이름을 맨 앞에 넣어 달라고 요구해 왔다. 너무나 대조적이다.

좋은 스승이란

　모든 부모의 바람은 아마도 자식들이 자신이 실패한 길을 다시 걷게 하지는 않는 것이 아닐까 싶다. 우리 부모들은 한 번 험난한 삶을 지나왔다. 어느 길을 가면 안 되고 어떤 길은 좀 힘들어도 일단 지나오면 편안한 삶이 기다리고 있다는 것을 겪어 봐서 안다. 우리는 아이들에게 자신의 삶의 경험을 말해 주고 함께 나눔으로써 자식들이 행복해 지기를 바란다. 이 세상에 자식이 불행해 지기를 원하는 부모가 어디 있겠는가.

　그러나 불행히도 아이들은 이를 믿지 않는다. 아무리 직접 보고 듣고 경험한 것을 이야기해 줘도 아이들은 자기와 관계없는 이야기라고 흘려

버리거나 자기에게 겁주기 위해서 과장하는 것이라 생각하고 이를 의례히 discount해서 듣는다. 그러면 부모는 더 과장해서 말하게 되고 그러면 아이들은 더 discount해서 듣고... 결국, 제대로 된 대화가 이루어지지 않는다. 아무리 부모가 어떤 중요한 정보를 전달하고 싶어도 아이가 믿지 않는 이상 전달이 안 된다.

나는 어려서부터 아이를 가르치면서 내 말만 잘 들으면 공부를 아주 효과적으로 할 수 있다고 강조하면서 책에 나온 방식과는 다른 방식으로 설명을 했다. 하지만 내 말을 믿지 않는 이상 내가 무슨 말을 해도, 어떠한 창의적인 방법을 동원한다 해도 효과가 없었다. 내가 지나치게 많은 것을 요구한다는 선입관을 가지고 있는 한, 아이가 볼 때 내가 하는 거의 모든 말은 불필요한 말이다. 자기가 알 필요도 들을 필요도 없는 말이다.

한때는 나를 너무 싫어해서 나만 보면 부들부들 떨 정도였다. 내가 하자고 하면 꼭 반대로만 했다. 예를 들어 학교에서 필수과목(영어, 수학, 사회, 과학)이 있고 선택과목(debate, psychology, student government, cooking, computer, guitar 등)이 있는데 아이는 선택과목에 우선순위를 적어서 내도록 되어 있었다. 나는 내심 아이가 기타를 배우게 되면 내가 좋은 성적을 받을 수 있도록 잘 도와줄 수 있겠다고 생각하고 있었는데 아이는 기타를 꼴찌로 표기하였다. 기타를 배우게 되면 보나 마나 내가 가르쳐 주겠다고 간섭할 것이고 그럴 것을 미리 예상해서 그렇게 표기한 것이다. 대신 우선순위 1위는 요리였다. 요리는 도저히 내가 간섭하는 것이 불가능한 유일한 선택과목이었다. 이렇게 해서는 내가 아이에게 도움이 되기는커녕 오히려 짐만 될 뿐이라고 생각되니 뭔가 극단의 조치가 필요했다.

공부를 하기 시작했다. 아동심리학에 관한 책들을 구해서 읽어 보고 인터넷도 많이 검색해 보았다. 한 가지 얻은 아이디어는 일단 아이와의 대화를 회복해야겠다는 것이었다. 뭔가 같이 이야기를 할 수 있는 대상이 되어야 내 말을 믿든 안 믿든 할 것이 아닌가. 아예 대화 자체를 안 하려 하는데 어떻게 내 생각이 전달되기를 원할 수 있는가. 그래서 아이가 좋아하는 게임을 같이 해 볼까도 생각해 보고, 아니면 아이가 보는 만화책을 같이 볼까도 생각해 봤는데, 도저히 이 나이에 게임기 주무르는 짓은 못하겠고 만화책은 그나마 책이니까 볼 만하겠다 싶어서 만화를 같이 보기로 하였다. 그래서 만화의 캐릭터 이야기를 하니까 드디어 대화가 통하기 시작하였다.

이제 대화는 하기 시작하였다. 문제는 내 말을 어떻게 믿도록 만드느냐하는 것이다. '말'이란 비용이 들지 않아서 어떤 말이나 할 수 있기 때문에 듣는 자는 이 말을 믿을 이유가 없다는 것이 Crawford and Sobel(1982)의 유명한 논문의 내용이고 나는 바로 이 논문을 응용하여 박사학위를 받았기 때문에 말의 속성을 누구보다도 잘 알고 있다.

이제 Crawford and Sobel이 우리에게 가르쳐 준 교훈을 생각해 보자. 말이란 비용이 들지 않아서 믿을 필요가 없지만 어떤 경우에는 의미 있는 정보를 전달하기도 한다는 것이다. 그것은 언제인가? 말하는 사람이나 듣는 사람이 같은 것을 원하는 경우이다. 이들이 원하는 것이 같다면, 그리고 그러한 사실을 두 사람이 잘 알고 있다면 말하는 사람은 듣는 사람에게 도움이 되는 말을 하고, 듣는 사람은 말하는 사람이 내게 허튼 말을 했을 리가 없기 때문에 이 말을 믿는 것이 그에게도 도움이 된다. 즉 말하는 사람은 듣는 사람을 이용해 먹기 위해 전략적으로 자기에게 유리한 말을 한 것이 아니라는 믿음은 항상 생길 수 있는 것이 아니라 두 사람이 똑같은 것을 원한다는 사실을 알 때 또는 그렇게 믿을 때에만 가능해진다. 나는 여기서 중요한 단서를 찾았다. 우리 아이가 내 말을 믿지 않는 이유는 내가 자기와 다른 것을 원한다고 생각하기 때문이라는 것을 깨달았다. 물론 많은 부모, 많은 선생님들은 그렇다. 자기 자식이나 학생들에게 지나치게 많은 것을 요구한다. 네 시간 자면 붙고, 다섯 시간 자면 떨어진다는 말이 괜히 나온 것이 아니다. 너 공부 안 하면 폐인 된다며 아이들에게 겁주는 부모도 많다. 교수들도 마찬가지다. 멀쩡한 논문을 놓고 쓰레기라 힐난하며 자극을 주는 교수들도 많다. 그러나 이것은 좋은 방법이 아니다. 좋은 전략이 아니다. 왜냐하면, 우리의 아이들은 아무것도 모르는 아기들이 아니다. 우리의 학생들은 더욱 그러하다. 이들도 다 안다. 우리 말을 곧이곧대로 믿는 것이 아니라 계속 discount를 한다. 이렇게 되면 서로 믿지 못하고 불신만 쌓일 뿐이다.

위와 같이 말하는 사람은 둘 중의 하나다. 아이가 순진하게 내 말을 믿을 것이라 생각하고 과장을 하는 것이든지, 아니면 아이가 힘든 것은 생각 안 하고 자기 좋은 것만을 생각하는 것이든지. 경험에 비추어 보면 후자의 경우가 훨씬 많은 것 같다. 아이가 힘든 것은 생각 안 하고 자기 욕심에서 아이들에게 의사, 판검사가 되기를 강요한다. 이 경우는 정말 아이가 원하는 것과 부모가 원하는 것이 다른 경우이다. 그러면 어떻게 우리 아이가 내 말을 믿게 할 것인가? 위에서 말한 대로 핵심은 나도 자기가 원하는 것과 똑같은 것을 원한다는 것을 믿게 하는 것이다. 아이가 부모를 위해 공부하라는 것이 아니고 자식이 힘들면 나도 힘들고 자식이 좋으면 나도 좋다는 것을 믿게 해야 한다. 이를 믿게 하는 방법은 무엇인가? 경제학에서는 이처럼 상대가 알지 못하는 나의 특성을 상대가 알도록 하는 방법으로 신호(signal)라는 방법이 있다는 것을 가르친다. 이 경우 효과적으로 나의 이해관계를 신호하는 방법 중 하나는 '자기 희생(self-sacrifice)'이라고 생각한다. 아이를 위해 내게 힘든 일을 하는 모습을 보면 아이들은 무슨 생각을 할까? 괜히 착한 척하느라고 쇼한다고 생각할 아이는 없을 것이다. "아, 부모님이 정말 나를 사랑하시는구나. 정말로 나를 위하시고, 나의 행복을 생각하시는구나. 자기를 위해서 그러는 것이 아니고 나를 위해서 그러시는구나."라고 생각할 것이다. 이러한 결론은 Crawford and Sobel의 이론을 조금만 확장하면 쉽게 증명할 수 있다. 즉 학생들에게 괜한 말로 겁주기보다는 진정 학생들을 위하는 모습을 보여주면 학생들은 더욱더 스승의 말을 따를 것이라 생각한다. 그토록 나를 싫어하던 우리 아이가 내 말이라면 거의 100% 신뢰하는 아이로 바뀌게 된 계기는 이러한 나의 일련의 행위를 보기 시작하면서부터이다. 예를 들어, 나는 집에서 과일 한 번 깎아본 적 없다. 당연히 아이는 내가 과일칼을 사용해 본 적도, 사용할 줄도 모른다고 생각했을 것이다. 그런데 어느 날 집에 단 둘이 있을 때 과일이 먹고 싶다고 해서 서투른 솜씨로 복숭아를 깎아주었다. 그때 돌아온 말 "아빠, 고마워." 엄마는 평생 과일을 깎아줘도 못 듣는 말이다.

나는 그러한 의미에서 Crawford와 Sobel에게 감사한다. 나의 박사학위논문의 영감(inspiration)을 주었기 때문이라기보다는 아이와의 효과적인 대화를 가능하게 해 주었기 때문이다.

참·고·문·헌

Crawford and Sobel, 1982, Strategic Information Transmission, Econometrica

유머에 대하여

    1988년 서울올림픽 개최를 한국인들만큼 열광적으로 환영한 자들이 있었다면 아마 한국에 살고 있던 "개"들이었을 것이다. 서울올림픽 때 외국의 시선을 의식해서 사대문 안에서 보신탕이 금지되었고, 보신탕은 한국인 특유의 같은 상품을 이름만 바꿔서 파는 꼼수에 의해 "사철탕", "영양탕"이라는 그럴듯한 이름으로 재포장되어 용하게 살아남았다. 나는 이러한 얄팍한 한국인들의 상술에 대해 비난하려는 것이 아니고 당시 한국의 보신탕 문화를 특집으로 보도하며 연일 우리의 문화를 비난하던 서구의 언론과 방송, 특히 영국의 국영방송인 BBC의 태도에 대해 이야기하고자 한다.

당시 BBC는 한국인이라면 누구나 모멸감을 느꼈을 만한 자극적인 말과 행위로 한국의 문화를 조롱했다. 이에 분개한 한국 국민들이 BBC(서버였던 것으로 기억한다)를 집중적으로 공격하자 영국인의 유머도 이해하지 못하는 속 좁은 민족이라며 또 한 번 조롱했다.

영국이 자랑하는 옥스퍼드사전을 찾아보면 "humour"라는 단어의 뜻은 "ability to amuse other people"이라고 나온다. 다시 "amuse"라는 단어를 찾아보면 "provide enjoyable occupation for someone"이라고 설명하고 있다. 과연 BBC의 보신탕 관련 특집 방송이 "enjoyable" 했는가? "humour"라는 말은 분명 영어인데 영국인들이 자기 말인 "humour"라는 말의 뜻도 모르는가? humour를 이해 못한다 조롱했으니, humour의 상대가 우리 국민들일텐데 그러면 우리가 enjoyable해야 할 것이 아닌가? 속이 부글부글 끓으면서 이런 무식한 민족은 어떻게 다루어줘야 내 분이 풀릴까 고민하다가 역시 내가 할 줄 아는 것은 전문학술지에 글을 써서 좀 대화가 통하는 지성인들에게라도 먼저 공감을 얻어보자고 생각했다.

결국, 옥스퍼드 사전의 정의에 따르면 유머란 남들을 즐겁게 해 주는 능력이다. 내가 지적 능력을 활용하지 않고 가만히 있기보다 남들을 즐겁게 하기 위해 나의 지적 능력을 활용하는 것이 유머이다. 내가 c만큼의 비용을 들여서 내 주변에 있는 사람들에게 b만큼의 즐거움을 줄 수 있다면 이것이 유머이다. 이는 마치 캄캄한 밤거리에서 두려워

하는 마을 사람들을 위해 약간의 비용을 들여 가로등을 설치하여 모든 마을 사람들의 퇴근길을 편하게 해주는 것과 같은 이치이다. 경제학자들은 이를 公共財(public good)라고 한다. 유머는 공공재이다. 公共非財貨(public bad)가 아니다. 가로등에 야한 색깔을 넣어서 마을 사람들이 오히려 불편해한다면 이는 더 이상 공공재가 아니다. 마찬가지로 남들이 듣고 즐겁기보다는 불쾌감을 느꼈다면 그 순간 이미 유머가 아닌 것이다. 유머라는 말. 좋은 말이다. 그러나 그 뜻을 제대로 알고나 쓰자. 내 유머에 누군가가 불쾌해 한다면 그들이 내 유머를 이해하지 못하는 것인지 내 유머감각이 부족해서 남들을 "amuse"해 주지 못한 것인지 다시 한 번 생각해 보자. 영국의 BBC방송국 측에게 해주고 싶은 말이다.

사기에 대하여

우리는 종종 사기를 당하기도 하고, 사기를 치기도(?) 하면서 살아간다. 그러면 정확히 말해서 "사기"란 무엇인가? 나는 여기서 사기의 사전적 정의를 말하는 것도 아니고 법적인 정의를 말하려는 것도 아니다. 민법상으로는 사기가 성립하기 위하여 몇 가지 예외적인 경우를 제외하고는 "명시적인 거짓"이 있어야 한다. 즉 현행법상으로는 자신에게 불리한 사실을 알려 주지 않고 체결한 계약은 사기로 보기 어렵다. 그러나 사기의 본질은 이러한 모든 경우를 포함한다고 할 수 있다. 즉 명시적으로 거짓말을 했건 불리한 말을 고의적으로 하지 않았건 이는 중요하지 않다. 모든 사기 행위에는 본질적으로 "정보의 비대칭성"이 전제되고 있다. 거래 당사자들 간에 정보의 양에 차이가 있을 때 이러한 우월한 정보를 이용하여 잘 모르는 사람을 상대로 지나치게 높거나 낮은 가격에 거래를 함으로써 부당 이득을 취했다면 모두가 본질적으로 차이가 없는 사기 행위이다. 나처럼 어리숙한 사람은 매번 사기를 당한다. 사기의 본질은 이런 것이다라고 수업 시간에 사기에 대해 설명을 하고, 사기에 관한 연구논문도 몇 편씩 발표하여 나름 사기에 대한 전문가 행세를 하고 다녀도 이러한 학술적인 지식 외에 아는 것이 별로 없는 나 같은 사람은 늘 사기당하며 살아가게 되어 있다. 알면서 당한다는 말이 딱이다.

결국 "사기"라는 것은 전문가(무엇이 되었던 뭔가를 더 많이 알고 있는 사람)와 비전문가 간의 게임에서 발생한다. 라디오나 TV가 고장나면 찾아가는 전파상 아저씨, 또는 자동차 수리공이 그러한 부류에 속하는 대표적인 전문가이다. 물론 정직한 분들도 많지만 이런 분들이 합리적이라면 정직하게 값을 부를 이유가 없는 것도 사실이다. 설명을 간단히 하기 위해 고장은 큰 고장과 작은 고장 둘 중 하나라고 가정하자. 큰 고장이면 수선하는 데 높은 비용 예컨대 100만원이 들고, 작은 고장이면 수선하는 데 낮은 비용 예컨대 10만원이 든다고 하자. 그런데 이 수리공 아저씨는 잠시 살펴보면 고장의 성격을 알 수 있다. 하지만 설령 작은 고장이라 할지라도 어느 누가 정직하게 10만원에 고쳐주겠다고 하겠는가? 그가 합리적이라면 "아, 고장이 심각합니다. 몇 시간 안에는 도저히 안 되고 하루 정도 맡겨 놓고 가시면 내일까지 해 드리겠습니다. 수리비는 100만원입니다."라고 말할 것이다. 혹시 어떤 사람은 이렇게 계속 사기를 치면 장기적으로 고객들이 빠져나갈 것이므로 정직하게 값을 부를 유인이 있지 않겠는가라고 생각할지 모른다. 그러나 이는 사실이 아니다. 이러한 수리 서비스(repair service)는 통상적인 물건과는 달리 신용재(credence good)라고 불리운다. 통상적인 물건은 구입해서 써 보지 않더라도 그 품질을 알 수 있는 재화(이를 탐색재라고 한다), 사용해 봐야 품질을 알 수 있는 재화(이를 경험재라고 한다)가 있는데 신용재는 사용해 봐도 품질을 알기 어렵다. 즉 수선 서비스를 받고 물건을 찾아가더라도 실제 수리공이 100만원을 들여 고쳤는지 10만원을 들여 고쳤는지 알 길이 없다. 그 수리공이 정직하게 이야기하기 전에는 평생 알 수가 없다.

또 다른 중요한 예가 의료서비스이다. 의사들은 전문가이다. 허리가 아파서 찾아갔는데 꼭 수술을 받아야 하는 심각한 정도의 디스크인지 진통제 몇 알 먹고 며칠 쉬면 통증이 완화될만한 경미한 디스크인지 의사들 외에는 알 수 없다. 따라서 과잉진료의 문제가 본질적으로 존재한다. 진통제 몇 알만 먹고 나을 수 있는 것을 별별 테스트를 거친 후에 수술을 하겠다고 할지 모른다. 어떻게 하면 과잉진료의 문제를 해결할 수 있을까? 그래서 나온 것이 포괄수가제이다. 이는 행위별 수가제도와는 달리 어떤 특정 질병에 대한 가격이 정해져 있는 진료비 정찰제이다. 어떤 치료방법을 사용하든 간에 치료행위와 무관하게 환자들은 동일한 진료비를 낸다. 어떤 치료를 하든 의사가 받는 돈은 똑같으니 과잉진료를 할 이유는 없어진다. 그러나 반대로 이처럼 어떤 치료를 하든 받는 돈이 같다면 의사들은 무엇하러 고난도 고비용 그러나 고효율적인 치료방법을 사용하려고 들겠는가? 비록 그것이 효율성이 높아 환자들에게 가장 좋고 안전한 방법이라 할지라도 의사들은 그러한 발전된 치료법을 사용할 이유가 없다. 자연히 의료서비스의 질은 하락하고 환자들의 만족도는 떨어질 것이다. 물론 병원에 대한 평판 때문에 함부로 이런 방법으로 환자를 대하지는 못할 것이라는 주장도 있으나, 중요한 것은 의사가 합리적이라고 가정할 때 의사의 유인이 다르다는 것이다. 만약 행위별 수가제를 채택하고 의사가 값비싼 치료법이 환자를 위해 좋다고 판단되면 값비싼 치료법과 저렴한 치료법을 모두 설명하고 환자로 하여금 선택하도록 하면 이것이 좋은 해결책이라고 본다. 물론 의사가 강력히 권하면 환자들은 거부하기 어렵지만 적어도 선택권은 환자에게 있고, 의사들도 이를 위해 모든 정보를 알려 줄 충분한 유인이 있다. 그러나 포괄 수가제를 채택하면 의사들은 이러한 두 가지 치료법이 있다는 정보를 알려 줄 유인이 없다. 이를 알려주면 많은 환자들은 비싸고 더 좋은 치료법을 원할 것이므로 합리적인 의사라면 이러한 정보를 의도적으로 감출 유인이 있는 것이다. 유용한 정보의 흐름을 가능케 하는 제도와 이를 막는 제도가 있다면 어떠한 제도가 더 바람직하겠는가? 나는 포괄수가제 강제시행을 반대하던 대한의사협회의 주장을 지지한다.

그러면 이러한 전문가에 의한 사기를 막는 방법은 없는가? 전문가의 허튼 말과 행위를 어느 정도 방지하는 힘이 시장에 없는 것은 아니다.

늘 경쟁이 묘약이다. 우선 합리적인 전문가라면 항상 사기 치지는 않는다. 항상 사기 치는 사람이라면 누가 이 사람에게 서비스를 받겠는가. 따라서 가끔 사기 칠 뿐이다. 어떠한 사기꾼이라도 항상 사기 치지는 않는다. 내가 실제 사기꾼에게서 들은 말인데, 진정한 사기꾼은 평소에 아주 잘해 줌으로써 신뢰를 쌓는다고 한다. 그리고 나서 결정적인 순간에 큰 것을 터트린다고 한다. 이제 어떤 전문가가 어떤 확률로 사기를 친다고 하자. 따라서, 그는 실제 작은 고장일지라도 높은 가격을 부를 수도 낮은 가격을 부를 수도 있다. 전문가가 낮은 가격을 부르면 안 믿을 이유가 없다. 이것은 사기가 아님을 확신할 수 있다. 그러나 전문가가 부르는 가격이 높으면 이때는 한 번 생각해 봐야 한다. 그대로 이 사람에게서 서비스를 받을 것인지 아니면 다른 곳에서 서비스를 받을 것인지. 시장 내에 경쟁이 존재하는 한, 비록 또 한 번 움직여야 한다는 불편함은 있지만 가끔은 다른 곳에서 서비스를 받겠다고 튕겨줘야 전문가들이 함부로 사기를 치지 못할 것이다. 경쟁이 심해서 다른 대안이 많을수록 전문가의 말은 정직해질 것이다.

전문가를 정직하게 만드는 또 하나의 메커니즘이 있다. 사기꾼도 상대를 봐가며 사기를 친다. 당연한 말이지만 상대가 어리숙할수록 사기 칠 유인이 강하다. 따라서 수리를 받으러 간 고객은 자신이 문외한이라는 인상을 주지 않기 위해 전문가인 양 아는 척을 해야 한다. 즉 이 고장이 큰 고장인지 작은 거장인지 정확히는 알지 못하더라도 수리공이 하는 말을 이해하고 수리공의 말이 이치에 맞는지 그렇지 않은지, 거짓말을 하는지 그렇지 않은지 판단할 능력이 되는 것처럼 보이는 것이 사기를 미연에 방지할 수 있는 한 가지 방법이 될 것이다. 따라서 사기당하지 않으려면 어리숙하게 보이면 안 된다. 그러나 때에 따라서는 어리숙하게 보이는 것이 유리할 때도 있다. 만약 이 전문가가 사기 치려는 대상이 사실은 더 뛰어난 전문가라고 한다면 오히려 어리숙하게 보임으로써 상대가 방심하게 하고 그 틈을 노려 전문가를 상대로 사기 치는 것이 더 유리할 수 있을 것이다.

참·고·문·헌

Pitchik, C. and A. Schotter, 1987, Honesty in a Model of Strategic Information Transmission, American Economic Review 77, 1032-1036

후기

내가 사기에 대해 관심을 갖게 된 것은 대학원 시절이었다. 당시 스탠포드 경영대학원(Stanford Graduate School of Business GSB)을 이끌고 있던 게임이론의 대가 Robert Wilson 교수는 "사기"라는 문제야말로 게임이론가들이 다루어볼 만한 흥미 있는 주제라고 늘 이야기했었다. 그 이유는 게임이론에서는 게임을 하는 당사자 서로가 균형에서 상대방이 어떤 전략을 택할지 예측하고 있기 때문에 "사기"라는 것이 발생하기 어렵다는 것이다. 그런데 그즈음 American Economic Review(AER)에 Pitchik and Schotter(1987)의 논문이 게재되었다. 나는 평소에 관심이 있던 문제였으므로 이 논문을 읽다가 이들이 채택하고 있는 가정이 매우 비현실적이라는 사실을 발견하였다. 이들은 비전문가가 전문가의 가격을 받아들이지 않으면 다른 전문가를 찾아가는 것이 아니라 자신이 직접 고친다고 가정하고 있다. 나는 이 가정을 보다 현실적인 가정으로 바꾸어 전문가가 제시한 가격을 거절하면 다른 전문가를 찾아가 처음에 했던 게임과 동일한 게임을 다시 시작한다고 가정하였다. 이처럼 최고의 학술지인 AER에 실린 논문을 비판하면 당연히 AER에서 받아주겠지 라고 생각하고 AER에 투고를 하였다. 당시 AER의 편집장은 Douglas Bernheim 이었다. Bernheim 교수는 Stanford 대학의 경제학과 교수였으므로 그러한 연줄관계가 또 유리하게 작용할 것이라고 믿었다. 그런데 이 논문을 투고한 후 나의 분석의 일부에 중대한 실수가 있었음을 발견하였고, 그래서 논문 투고를 철회할까도 생각했지만, 과연 심사자들이 나의 실수를 찾아낼 수 있는지 한번 시험해 보고 싶었다. 몇 달 후 Bernheim에게서 받은 심사결과는 역시 "게재 불가(reject)"였다. 그러나 심사자도 Bernheim도 내가 범했던 중대한 실수에 대해서는 전혀 인지하지 못한 것 같았다. 그 때 속으로 생각했다. AER의 편집장도 별 것 아니군.

사회연결망과 선호적 연결

　현대자동차가 다른 기업으로부터 부품을 사들일 것이 아니라 자신이 직접 부품을 만들어 조립하면 가격도 저렴하고 복잡한 계약서를 작성할 필요도 없어서 효율적일 것이다. 설령 부품을 만드는 기술이 부족하다면 이미 기술을 가진 다른 기업을 사들여 하나의 기업을 만드는 것이 훨씬 좋을 텐데 왜 시장에는 거대한 하나의 기업만 존재하지 않고 무수히 많은 기업들이 존재하는가? 이것이 노벨경제학상 수상자인 코즈교수의 문제의식이었다.

　시장에서의 거래에 비해 기업 내부로부터의 조달은 이처럼 거래비용을 크게 줄일 수 있다는 장점이 있다. 물론 기업이 너무 커지면 감시 감독

비용이 너무 커져서 거래비용의 이점을 상쇄할 수 있으므로 기업의 크기는 현실적으로 제한될 수밖에 없다는 것이 위 질문에 대한 대답이다.

그런데 완전한 타인과의 거래나 자기 자신과의 거래가 아닌 그 중간적 성격에 해당하는 거래가 있다. 바로 아주 잘 아는 타인과의 거래, 이처럼 서로 신뢰할 수 있는 관계를 나타내는 현대적 개념이 바로 사회연결망이다.

즉 n명으로 이루어진 사회를 생각하자. 이 n명 각각이 나머지 n-1명의 구성원들과 똑같은 확률로 교류하는 것이 아니라 이들 중 특히 자주 거래하는 자들이 있고 아예 거래를 하지 않는 사람들도 있다. 왜 어떤 한 쌍은 다른 쌍보다 자주 거래를 하는가? 이는 그들이 서로 신뢰할 수 있는 사이라는 것을 의미할 것이다.

이러한 사회연결망은 어떠한 구조를 가질까? 물리학자인 Barabasi and Reka는 물리계에 존재하는 많은 네트워크에는 허브가 존재하며 멱함수법칙(power law)을 따르는 무척도 연결망(scale-free network)의 특성을 나타낸다고 주장하였다. 그들은 왜 이들 network에 허브가 존재하며 왜 링크가 멱함수법칙을 따르는지 다음과 같이 설명하고 있다. 우선 link는 동시에 연결되는 것이 아니라 순차적으로 연결된다. 따라서 먼저 이 사회에 들어온 노드가 다른 노드들과 연결될 가능성은 당연히 높은 것이다. 다시 말해 들어온 순서가 빠른 노드들을 중심으로 허브가 형성될 것이다. 그러나 이러한 설명은 허브의 존재는 설명할 수 있으나 멱함수법칙을 설명하지는 못한다. 따라서, 이를 설명하기 위해 기존의 모든 노드가 새로운 노드와 모두 똑같은 확률로 연결되는 것이 아니라 가장 link가 많은 노드에 연결하는 것을 선호한다는 선호적 연결(preferential attachment)이라는 가정을 채택한다. 이 가정에 의해 멱함수법칙은 설명된다. 또한, 이러한 자연계에서 관찰되는 멱함수법칙은 사회연결망에서도 나타난다고 물리학자들은 주장한다.

나는 위에서 자연계에 존재하는 네트워크에서 관찰되는 멱함수법칙의 논리를 사회연결망에 그대로 연장해서 적용하는 것은 매우 위험한 발상이라고 생각한다. 그 이유는 명확하다. 사회연결망에 있어서의 링크, 예를 들면, 서로 신뢰하는 우정과 같은 관계는 한 사람이 일방적으로 연결하고자 한다고 해서 연결되는 것이 아닌 쌍무적 관계이기 때문이다. 즉 A라는 사람이 B라는 사람과 친구가 되고 싶다고 해서 이들이 서로 친구가 되지는 않는다. B라는 사람도 A와 친구가 되고자 하는 상호교감이 있어야 비로소 친구 관계가 성립하는 것이다. 좀 더 극적으로 말하면 A라는 사람이 엄청나게 친구가 많은 B라는 사람과 친구 하고 싶다고 해도 B가 이처럼 보잘것없는 A를 친구로 받아주겠느냐하는 것이다. 받아주지 않는다면 이들 간에 친구 관계, 링크는 형성될 수가 없는 것이다. 이렇게 생각하면 위에서 말한 Barabasi and Reka의 멱함수법칙을 유도하는 논리가 치명적으로 영향을 받게 된다.

어떻게 영향을 받는지 살펴보기 위해 Barabasi and Reka처럼 노드들이 매 기에 한 명씩 이 사회에 들어온다고 하자. 각 구성원의 친구로서의 가치 v는 H 또는 L이라 하고 $v = H$일 사전적 확률은 α, 친구로서의 기대가치는 $E(v) = \alpha H + (1-\alpha)L > c$라 하자. 여기서 c는 연결비용(친구가 되기 위한 투자비용)이다. 이제 1기에 구성원 1만 존재한다. 2기에 구성원 2가 들어와서 구성원 1과 링크를 연결하고자 한다. 2는 1이 친구가 되자는 제안에 대해 무조건 덥석 승낙하는 것이 아니라 과연 친구가 되는 것이 도움이 될지 생각한다. 1이나 2나 사전 정보 외에 아무런 정보가 없기 때문에 $E(v) > c$인 이상 친구요청을 할 것이므로 이들 간에 친구 관계가 성립하게 된다. 이제 3기에는 어떤 일이 발생할까? 1기 동안 친구로 지내본 후 구성원 1과 2는 서로의 실체를 알게 된다. 즉 두 사람 모두 $v_1 = H, v_2 = H$이면 우정은 계속되겠으나 둘 중 한 명이 $v_i = L$이면 상대방이 연결을 끊어버리고 말 것이다. 따라서, 3기가 시작되어 구성원 3이 이 사회에 들어왔을 때 두 사람 간에 연결이 있을 수도 있지만 없을 수도 있고, 만약 없다면 이 두 사람이 서로 싸웠다. 즉 둘 중 한 사람은 좋은 친구가 되기 어려운 사람이라는 것을 추론할 수 있다. 그러나 그것이 누구인지 모르기 때문에 둘 중 아무나 임의로 친구요청을 하거나 그렇지 않으면 아무에게도 친구요청을 하지 않을 수 있다. 따라서, 4기에 들어오는 구성원 4가 볼 때에는 2개의 링크가 있다면 degree가 2인 자에게 연결하는 것이 합리적이고, 링크가 하나라면 degree가 1인 두 사람 중 임의로 선택하고, 링크가 없다면 세 사람 중 아무나 선택하는 것이 합리적일 것이다. 결국 선호적 연결은 합리적인 이유에 의해서 발생하는 것이지 단순한 가정에 의해서 주어지는 것이 아니다. 즉 새로운 이 사회의 구성원이 링크가 많은 자에게 친구제안을 하는 이유가 명확해졌다. 링크가 많은 자가 친구로서의 가치가 높을 가능성이 크다는 명확한 이유가 있기 때문이다. 다시 말해 어떤 노드의 링크 수는 그의 가치에 대한 신호(signal)가 되기 때문이다. 또한, 그가 아무런 친구가 없는 새로운 구성원의 친구요청을 받아들이는 것도 이유가 있다. 그가 아직 친구가 되기에 부적절하다는 부정적 정보가 들어오지 않았으므로 기대가치가 그다지 낮지 않기 때문이다. 일단 사귀어본 후 좋은 친구가 아님이 판명 나면 그때 절교하면 되기 때문이다. 이처럼 연결과 단절을 반복하며 진화하는 사회연결망은 결국 멱함수법칙에 가까워짐을 보일 수 있다. 즉 선호적 연결은 가정이 아니라 합리적 선택의 결과인 것이다.

이타주의와
자기집단 중심주의

이타적 행위는 진화적 환경에서 어떻게 장기적으로 존속할 수 있는가? 이는 이기적 행위가 정의상 개인의 효용이나 적합도(fitness)를 극대화하는 것이고 따라서 homo economicus만이 장기적으로 존속 가능할 것 같다는 점에서 매우 곤혹스런 의문이다.

Eshel(1972)은 사회구성원들이 전체인구와 교류하는 것이 아니라, 이들 중 일부와만 교류한다면 진화적 환경에서 이타성이 존속할 수 있다는 가능성을 처음 인지하였다. 이러한 발상은 그 후 Nowak and May(1992), Eshel, Samuelson and Shaked(1998) 등의 많은 학자들에 의해 계승되었다. 이들은 이타적 행위(협력)가 네트워크상의 이웃끼리만 교류하는 환경에서는 장기적으로(진화론적으로) 살아남을 수 있다는 놀라운 결과를 보여주었다.

최근에 사회과학자들은 전체사회구성원들을 내부인과 외부인 두 집단으로 구분하여 내부집단구성원끼리만 협조한다는 흥미 있는 현상을 관찰하였다. 즉 우리끼리만 협력한다는 조건부 협력은 Axelrod(1984)가 정의한 또 다른 조건부 협력과는 다르다. 팃포탯전략(tit-for-tat strategy)이라 불리는 Axelrod의 조건부 협력에서는 상대방의 과거 행위를 조건으로 협력이 이루어지는 반면, 지금 정의하는 조건부 협력은 행위자의 특성에 따라 협력한다. 이러한 경향은 Tajfel et al.(1971), Yamaguchi et al.(1999), Axelrod and Hammond(2003), Bowles and Gintis(2004), Bernhard et al.(2006) 등의 학자들에 의해 지속적으로 연구되어왔던바, Bowles and Gintis(2004), Bernhard et al.(2006) 등은 이를 자기집단중심주의(parochialism)라 부르고, Axelrod and Hammond(2003)는 자민족중심주의(ethnocentrism), Tajfel et al.(1971)은 내부자 편애(insider bias)라 부른다.

최근 자기집단중심주의가 팽배해 지자, 이 성향의 진화적 기작도 이타주의의 진화만큼 많은 관심을 받아왔다. 예를 들어, 자기집단중심주의를 어떤 일정한 반경 내의 구성원들 간에만 협조하는 성향으로 정의하자. 이제 자기집단중심주의의 진화적 가능성을 살펴보기 위하여 이타주의자, 이기주의자, 자기집단주의자 등 세 가지 유형의 사람들만 있다고 하자.

이제 다음과 같은 간단한 모형을 생각해 보자. 사회구성원들은 원 위에 일정 간격으로 위치한다. 따라서 구성원들은 각각 2명의 이웃과만 교류한다. 매 기에 이들은 자신의 이웃들과 Prisoners' Dilemma 게임을 하고, 보수가 실현된 후, 각 전략의 보수(fitness)를 비교하여 가장 높은 보수를 주는 전략을 모방한다. 각 유형의 분포는 이러한 과정을 거쳐 진화해 간다. 궁극적으로 도달되는 안정적 분포에서 이타주의자들(A)과 이기주의자들(E)은 각각 AAA…, EE… 등과 같이 cluster를 형성하게 되고 이기주의자들의 분포는 길지 않아서 EE와 같이 길이가 2를 초과할 수 없다. 그 결과 이기주의자들의 비율은 전체 인구의 40%를 초과하지 못한다. 우선 이타주의자들이 살아남을 수 있는 이유는 이타주의자들이 모여 살면 이타주의자가 이타주의자를 만나는 확률이 이기주의자가 이타주의자를 만나는 확률보다 높기 때문에 이타주의자들이 이기주의자들보다 더 행복하게 잘 살 수 있기 때문이다. 이를 유유상종효과(assortation effect)라고 부른다. 둘째, 이기주의자집단의 길이가 2를 초과하면, 이기주의자들의 적합도가 너무 낮아 이 집단은 경계에서부터 이타주의자에 의해 침투되기 때문에 전체인구의 40%를 넘지 못한다.

이제 자기집단중심주의자들이 이 사회에 공존하고 있으면 어떻게 될까? 또 내부인과 외부인을 구별하기 위해 거리가 1인 직접적인 이웃

뿐 아니라, 거리가 2인 이웃의 이웃(간접적인 이웃)과도 낮은 확률로 교류한다고 하자. 이 결과에 대한 직관을 얻기 위해, 우선 이러한 조건부 협력 전략은 이타주의 전략보다 적합도가 높으며, 이기주의 전략보다 적합도가 낮다는 사실에 유의해야 한다. 그 이유는 두 구성원들이 간접적으로 연결되어 있으면 조건부 협력전략이 이타주의(또는 이기주의)보다 더 좋고(또는 더 나쁘고), 직접 연결되어 있으면 이들 간에 무차별하기 때문이다. 이는 고립된 유형은 다른 유형의 집단 안에서 존속할 수 없으나, 두 유형이 2 이상의 크기를 갖는 집단으로 서로 분리되어 있으면 두 유형 모두가 존속할 수 있음을 뜻한다. 따라서 이타주의집단과 이기주의집단은 서로 이웃할 수 없다. 또한, 자기집단중심주의자의 존재는 이기주의자의 적합도를 증가시켜 이들의 비율을 증가시키는 효과가 있다.

흥미 있는 것은 자기집단주의가 매우 강한 사회에서 이타주의자들이 살아남기를 원한다면, 이들 집단이 직접 이웃할 수는 없으므로 이들을 매개해 줄 수 있는 다른 유형, 즉 이기주의자들의 존재 역시 필요하다는 것이다. 이들 이기주의자들은 그 자체는 사회적으로 환영받는 유형은 아니나, 이들의 존재는 이타주의자들이 자기집단중심주의자가 되는 것을 막아주는 완충지대의 역할을 함으로써 사회에 기여하게 된다. 또한 이타주의집단과 자기집단주의자들 사이에는 반드시 2명 이상의 이기주의자가 있어야 하므로 Eshel 등의 비현실적 예측과는 달리 전체 인구에서 이기주의자들의 비율이 이타주의자들의 비율보다 높은 현실을 설명할 수 있다.

 우리는 보통 일본 사회가 상호 간의 신뢰가 매우 높은 사회로 알고 있다. 실제로 프란씨스 후쿠야마의 "신뢰(Trust)"라는 책에서 신뢰가 높은 고신뢰사회의 예로 미국, 독일, 일본을 들었으며, 신뢰가 낮은 저신뢰사회의 예로 한국, 중국, 프랑스를 들었다. 그러나 야마기시는 "신뢰의 구조"라는 책에서 일본이 신뢰가 높은 사회인 것처럼 보이지만 사실 일본인들은 자국민에 대해서는 매우 높은 신뢰 수준을, 그러나 외국인에 대해서만 매우 낮은 신뢰구조를 갖는 이중성을 보이고 있다는 지적을 하였다. 자기집단중심주의란 바로 이러한 이중적 성향을 의미하는 것으로서 이들은 항상 협력하는 이타주의자들의 집단보다는 사회적합도가 높아 이들 집단을 침투하겠지만, 이들이 서로 인접하지만 않는다면 이들 두 집단은 모두 번성할 수 있다. 그러나 이러한 성향의 존재로 말미암아 항상 배신하는 이기주의자들이 더 번성할 기회를 제공하기도 한다.

참·고·문·헌

Axelrod, R.(1984). The Evolution of Cooperation, New York: Basic Books

Axelrod, R. and R.A. Hammond.(2003). The Evolution of Ethnocentric Behavior, Midwest Political Science Convention, April 3-6, Chicago, IL.

Bowles, S. and H. Gintis(2004). The Evolution of Strong Reciprocity: Cooperation in Heterogeneous Populations. Theoretical Population Biology, 65, 17-28.

Eshel, I.(1972). On the Neighbor Effect and the Evolution of Altruistic Traits. Theoretical Population Biology, 3, 258-77.

Eshel, I., L. Samuelson and A. Shaked(1998). Altruists, Egoists, and Hooligans in a Local Interaction Model. American Economic Review, 88, 157-179.

Fukuyama, F., 1995, Trust, The Free Press

Nowak, M. and R. May(1992). Evolutionary Games and Spatial Chaos. Nature, 359, 826-829.

Sinervo, B., A. Chaine, J. Clobert, R. Calsbeek, L. Hazard, L. Lancaster, A. McAdam, S. Alonzo, G. Corrigan, M. Hochberg(2006). Self-Recognition, Color Signals and Cycles of Greenbeard Mutualism and Altruism, PNAS, 103, 7372-7377.

Tajfel, H., M.G. Billig, R.F. Bundy and C. Flament(1971). Social Categorization and Intergroup Behavior, European Journal of Social Psychology, 1, 149-177

Yamagishi, T., 1998, The Structure of Trust, University of Tokyo Press

Yamagishi, T., N. Jin and T. Kiyohari(1999). Bounded Generalized Reciprocity. Ingroup Boasting and Ingroup Favoritism, Advances in Group Processes, 16, 161-107

참·고·문·헌

Axelrod, R.(1984). The Evolution of Cooperation, New York: Basic Books

Axelrod, R. and R.A. Hammond.(2003). The Evolution of Ethnocentric Behavior, Midwest Political Science Convention, April 3-6, Chicago, IL.

Bowles, S. and H. Gintis(2004). The Evolution of Strong Reciprocity: Cooperation in Heterogeneous Populations. Theoretical Population Biology, 65, 17-28.

Eshel, I.(1972). On the Neighbor Effect and the Evolution of Altruistic Traits. Theoretical Population Biology, 3, 258-77.

Eshel, I., L. Samuelson and A. Shaked(1998). Altruists, Egoists, and Hooligans in a Local Interaction Model. American Economic Review, 88, 157-179.

Fukuyama, F., 1995, Trust, The Free Press

Nowak, M. and R. May(1992). Evolutionary Games and Spatial Chaos. Nature, 359, 826-829.

Sinervo, B., A. Chaine, J. Clobert, R. Calsbeek, L. Hazard, L. Lancaster, A. McAdam, S. Alonzo, G. Corrigan, M. Hochberg(2006). Self-Recognition, Color Signals and Cycles of Greenbeard Mutualism and Altruism, PNAS, 103, 7372-7377.

Tajfel, H., M.G. Billig, R.F. Bundy and C. Flament(1971). Social Categorization and Intergroup Behavior, European Journal of Social Psychology, 1, 149-177

Yamagishi, T., 1998, The Structure of Trust, University of Tokyo Press

Yamagishi, T., N. Jin and T. Kiyohari(1999). Bounded Generalized Reciprocity. Ingroup Boasting and Ingroup Favoritism, Advances in Group Processes, 16, 161-107

설명할 수 있다.

 우리는 보통 일본 사회가 상호 간의 신뢰가 매우 높은 사회로 알고 있다. 실제로 프란씨스 후쿠야마의 "신뢰(Trust)"라는 책에서 신뢰가 높은 고신뢰사회의 예로 미국, 독일, 일본을 들었으며, 신뢰가 낮은 저신뢰사회의 예로 한국, 중국, 프랑스를 들었다. 그러나 야마기시는 "신뢰의 구조"라는 책에서 일본이 신뢰가 높은 사회인 것처럼 보이지만 사실 일본인들은 자국민에 대해서는 매우 높은 신뢰 수준을, 그러나 외국인에 대해서만 매우 낮은 신뢰구조를 갖는 이중성을 보이고 있다는 지적을 하였다. 자기집단중심주의란 바로 이러한 이중적 성향을 의미하는 것으로서 이들은 항상 협력하는 이타주의자들의 집단보다는 사회적합도가 높아 이들 집단을 침투하겠지만, 이들이 서로 인접하지만 않는다면 이들 두 집단은 모두 번성할 수 있다. 그러나 이러한 성향의 존재로 말미암아 항상 배신하는 이기주의자들이 더 번성할 기회를 제공하기도 한다.

국가에 대하여

티벳은 독립되어야 하는가 중국의 일부로 남아 있어야 하는가? 스코틀랜드는 대영제국(United Kingdom)으로부터 탈퇴하여 독립된 국가로 남아야 하는가? 중국은 결코 티벳의 독립을 허용할 것 같지 않다. 반면 영국은 스코틀랜드인이 원한다면 독립을 허용해 줄 것으로 보인다. 어떠한 룰이 타당한 룰인가? 세계질서는 어떤 방향으로 가야 하는가?

티벳인들은 그토록 절실하게 독립하기를 원한다. 스코틀랜드인들은 국민투표에서도 밝혀 졌듯이 그다지 절실하지도 않다. 그런데도 왜 티벳인들에게는 독립이 허용되지 않는가? 이들도 스코틀랜드처럼 주민

투표를 통하여 독립 여부가 결정되어야 하지 않을까? 왜 이들은 자신들이 원하는 것을 얻을 권리가 없는가? 나는 세상의 규범, 세계 질서는 사람이 중심이 되어야 한다고 생각한다. "국가"는 그 안에 살고 있는 사람들을 행복하게 해 주기 위해 필요한, 인간들이 만들어 낸 수단이다. 수단을 위해서 그 안에 살고 있는 사람들이 희생되어야 한다는 것은 자기모순이다. 따라서 나는 티벳의 독립을 지지한다.

그러나 현실은 그렇게 단순하지 않은 것 같다. 미국 정부는 티벳이 중국의 일부이며 티벳 독립을 지지하지 않는다는 공식입장을 거듭 표명해 왔으나 늘 은밀하게 티벳의 독립을 지원해 왔다. 실제로 많은 미국인들은 티벳의 독립을 지지하고 있다. 그러면 미국인들에게 다음과 같은 질문을 던져 보자. "당신들은 티벳이 독립되어야 마땅하다고 생각하는데 그러면 잘 사는 캘리포니아주가 미국으로부터 떨어져 나가 독립하겠다고 한다면 이를 허용할 것인가?" 내가 미국인들에게 이 질문을 했을 때 반응은 둘 중 하나이다. "That's an interesting question. I will think about it." 즉답을 피하는 것이다. 또 다른 반응은 솔직하게 아니라고 말하는 것이다. 어느 누구도 티벳 독립을 지지하는 만큼 당연히 캘리포니아 독립도 본인들이 원하면 허용되어야 한다고 대답하지 않는다. 이처럼 거의 대부분의 사람들이 이중 잣대를 가지고 있다. 나 스스로도 티벳 독립을 지지하지만 우리나라의 호남지역이 독립해서 하나의 독립국을 형성하겠다고 한다면 심적으로 선뜻 지지하기 어려울 것이다. 그러나 본인들이 원한다면 독립을 허용해야 한다는 원칙에는 변함이 없다.

내가 이러한 문제에 관심을 갖기 시작한 것은 만주에서 온 조선족 동포들을 주변에서 경험하기 시작하면서부터이다. 이들은 우리 민족인데 법적으로는 중국 국적을 가지고 있다. 과연 간도 땅이 우리에게 귀속될 수 있는가라는 문제를 생각할 때 중국과 우리 나라 간의 국력의 차이를 인정한다면 현실성이 없는 질문이다. 그러나 세계질서가 이처럼 주민들이 원하는 바대로 인정되는 방향으로 흘러간다면 전혀 불가능한 것도 아니다. 그리고 위에서 주장한 대로 이것이 옳은 방향이다. 왜냐하면 모든 제도라는 것은 인간을 위해서 존재하는 것이지 그러한 제도를 위해서 인간이 존재하는 것은 아니기 때문이다.

이제 이러한 원칙과 세계질서를 받아들인다면 국가 간의 경계가 어떻게 형성될 것이지 간단한 모형을 통해서 생각해 보자. 모든 사람이 각자 자신이 원하는 국적을 마음대로 취득할 수 있는 가상현실을 생각해 보자.

만약 세계의 모든 인구가 길이 1인 선분 위에서 살고 있다고 가정하자. 양 극단의 위치를 0과 1이라고 하자. 이제 양 끝 점에 A와 B라는 두 개의 국가가 존재한다고 하자. 즉 A라는 국가는 0에 위치하고 B라는 국가는 1에 위치한다. 이 국가들은 국민들로부터 세금을 징수하여 국방, 의료, 교육 등과 같은 공공서비스를 제공한다. 즉 국가들은 세율과 공공재 서비스로 서로 경쟁을 한다. 더 많은 국민을 유치하기 위해 세율을 낮춰주고 질 높은 공공재를 공급하려고 할 것이다.(인구가 많을수록 이 국가에게 유리한지는 추후에 설명할 것이다) 그러면 x라는 위치에 있는 사람은 A, B 중 어느 국가의 국민이 되기를 원할 것인가? 그가 어느 나라의 국적을 취득하는 것이 유리한가는 각 나라의 국민이 되었을 때의 편익과 비용을 비교해서 결정하는 것이 합리적일 것이다. 편익에는 어떤 것이 있는가? 각 국가가 제공하는 공공서비스(공공재)가 얼마나 많고 다양한가 라는 것이 가장 중요한 편익이다. 국방, 치안, 법, 제도, 교육, 의료 등이 이에 속한다. 국방이나 치안이 불안하다고 생각되어 다른 나라로 이민 가는 사람들도 많다. 교육제도에 불만을 품고 이민 가는 사람들도 있다. 이처럼 공공재의 양과 다양성은 국적 선택에 있어서의 중요한 고려요인이다. 반대로 비용에는 어떤 것이 있는가? 우선 세금을 내야 한다. 즉 세금을 적게 낼 수 있는 국가의 국적을 선호할 것이다. 또한, 어떤 사람이 한 국가의 공공재 서비스를 받기 위해서는 그 나라 정부가 위치한 곳까지 이동해야 하므로 그만큼의 교통비용이 든다. 즉 $x = 1/3$에 위치한 사람이라면 A국가가 위치한 $x = 0$까지 가려면 $1/3$만큼만 이동하면 되지만 $x = 1$까지의 거리는 $2/3$이므로 교통비용이 더 많이 든다. 따라서 모든 사람들은 자기 위치에서 가까운 정부의 국적을 선호할 것이다. 다소 비유적으로 표현했지만 여기서 국민 한 사람 한 사람의 위치는 공공재에 대한 자신의 선호로 해석할 수 있다. 예를 들어 $x = 0$에 위치한 정부의 공공재(정책)는 좌파정책으로 해석할 수 있고, $x = 1$에 위치한 정부의 정책은 우파성향의 정책이라고 해석하면 된다. 따라서 A라는 나라는 좌파정부로서 무상급식 등 복지정책을 중시하는 교육정책을 편다고 보고, B라는 나라는 우파정부로서 치열한 경쟁을 통한 국가경쟁력을 높이는 것을 최우선 정책으로 생각한다고 하자. 그런데 사람들 중에는 무상급식과 같은 교육정책을 선호하는 사람들도 있고 경쟁적 교육정책을 선호하는 사람들도 있을 것이다. $x=0$근처에 위치한 사람들은 좌파정책을 선호하는 사람들이라고 볼 수 있고, $x=1$근처에 사는 사람들은 우파정책을 좋아하는 사람들이라고 보면 된다. 결국, 자신의 성향에 따라 $x=0$근처의 사람들은 A라는 국가의 국적을, $x=1$근처에 사는 사람들은 B라는 국가의 국적을 취득하는 것이 합리적이다. 즉 이들의 국적 취득은 단순히 그 근처에 살기 때문에 국가가 강요한 결과가 아니라 자신이 자발적으로 선택하더라도 그러한 선택을 하게 된다는 것이다.

여기서 중요한 것은 내가 큰 나라의 국적을 취득하는 것이 유리한가 작은 나라의 국적을 취득하는 것이 유리한가? 혹자는 미국이나 중국과 같이 나라가 크면 세금을 많이 걷을 수 있고 따라서 국방을 포함한 거의 모든 공공서비스도 훨씬 좋아질 수 있으므로 누구나 큰 나라의 국민이 되기를 원할 것이라고 생각할 수 있다. 그러나 이는 사실이 아니다. 아무리 큰 나라라고 한 사람 한 사람의 취향에 맞는 차별화된 공공재를 공급할 수는 없다. 모든 사람들은 자기에게 맞는 공공재를 공급하는 국가에서 사는 것이 가장 좋다. 즉 자신이 있는 위치에서 가장 가까운 국가의 국민이 되는 것이 가장 좋다. 왜냐하면 그것이 내가 가장 원하는 공공서비스를 줄 수 있기 때문이다. 이러한 공공재에는 언어, 문화 등도 포함된다. 아무리 미국이라는 나라가 많은 공공재 혜택을 주더라도 언어가 통하지 않고 인종 구성이 마음에 들지 않는다면 살 수 없는 것이다.

요컨대 큰 나라의 장점도 있다. 그것은 세금의 총액이 증가하고 따라서 보다 많은 공공재 서비스를 제공할 수 있다. 그러나 큰 나라이다 보니 이처럼 보다 많은 인구의 다양한 요구를 다 들어줄 수가 없고 이처럼 정부의 획일화된 정책이 자신이 원하는 정책과 멀어질 가능성이 커지고 따라서 이러한 다양한 선호를 갖는 사람들은 차라리 작지만 자신들의 선호를 충족시켜 줄 수 있는 국가에 속하는 것이 나을 수 있다. 늘 우리들은 하나로 통일된 표준화를 추구할 것인가 다양성을 추구할 것인가 사이에서 고민을 한다. 표준화가 주는 장점이 있으나 다양성이 희생되고 다양성을 존중해 주기 위해서는 여러 가지 표준이 공존해야 하는 불편을 감수해야 한다.

이렇게 생각하면 지구의 모든 국가들이 합쳐서 하나의 나라를 형성하고 한 명의 지구대통령을 선출하는 것은 비효율적인가라는 의문을 갖게 된다. 현재로써는 효율적이지 않아 보인다. 그 이유는 한 국가가 실시하는 정책이 다양한 사람들의 다양한 요구와는 맞지 않을 것이기 때문에 많은 불만이 있을 것이다. 그러나 사람들이 점점 더 많은 상호 교류에 의하여 보다 동질적이 된다면 이러한 사람들 간의 선호의 차이도 줄어들게 되고 그렇게 된다면 불가능할 것도 없어 보인다. 이는 우리 나라의 통일 정책에도 중요한 시사점을 줄 수 있다. 우리 국민들은 통일을 원한다. 왜 우리는 통일을 원하는가? 단순히 작은 국가보다는 큰 국가가 좋아 보이기 때문인가? 위에서 말한 대로 나라가 커진다고 좋은 것이 아니다. 국민 한 사람 한 사람의 행복도는 떨어질 수 있다. 왜냐하면, 국가의 정책이 더 다양해진 국민들의 요구와 더 멀어지기 때문이다. 평균적으로 더 큰 불만이 쌓일 것이다. 이처럼 남북 간의 문화적, 가치관의 차이가 너무 큰 현 상황에서 남북이 합쳐서 하나가 되는 것이 현재로써는 꼭 바람직해 보이지도 않는다. 따라서 남북이 모두가 자발적으로 원해서 통일을 이루기 위해서는 전제조건이 동질성 회복 이다. 그렇지 않다면 우리 민족끼리의 자발적 통일은 요원할 것이다.

신목민심서

踝骨三穿이라는 말이 있다. 다산 정약용은 강진에서 귀양살이하는 동안 복사뼈에 구멍이 세 번 날 정도로 반드시 앉아 학문에 정진하여 500권이 넘는 책을 집필했다고 한다. 내가 생각할 때 그중에서 다산의 가치관과 사상을 엿보기에 단연 으뜸가는 것을 꼽으라고 한다면 백성을 위해 일하는 행정관의 도리에 대해 쓴 목민심서이다.

다산은 정조가 세상을 떠난 뒤 당파싸움의 희생양이 되어 경상도 장기로 유배를 떠나고 그 후 또 황사영 백서사건에 연루되어 전라도 강진에서 10여 년을 보낸다. 누가 충신인지 누가 간신인지 구별 못 하고 누구의 말을 믿어야 할지 모르는 전근대적인 시스템의 혼란 속에서도 여전히 "악화가 양화를 구축한다"는 소위 그레샴의 법칙이라는 근대적인 통찰력은 그대로 작동하여 사악한 자들의 달콤한 말을 듣고 고언을 고하는 충신들을 내치는 역선택은 계속되어 왔을 것이다. 과연 이러한 상황에서 다산은 어떤 생각을 하고 있었을까? 뭔가 조직의 시스템을 근본적으로 바꾸어야 한다는 생각을 하고 있었으리라. 그래서 집필한 것이 목민심서라고 생각한다. 왜냐하면, 나도 그런 상황이었다면 그런 책을 쓸 생각을 했을 것이기 때문이다. 그런데 다산에게는 그러한 문제의식은 있었으나 근대적인 분석 기법이 없었다. 따라서 규범적인 접근만을 하고 있다. 즉 목민심서는 순수하게 규범적인 책이다.

나는 늘 자연 과학자들에게 사회과학이 자연과학과 다른 점을 이야기하고 그 차이는 한 단어로 말할 수 있다고 주장한다. 그것은 바로 사회과학에는 규범적 분석이 있다는 것이다. 자연과학에는 실증만 있을 뿐 규범이라는 개념이 없다. "우리가 어떻게 살아야 하는가?" "물가 상승률은 얼마 이하로 유지되어야 하는가?" 등과 같이 "어떠해야만 하는가?"라는 질문이 없다. 다만, "열은 어디서 어디로 이동하는가?" "힘을 계속 가하면 속도는 계속 빨라지는가?" 등과 같이 "어떠한가?"라는 질문만 있을 뿐이다.

다산 목민심서의 핵심교훈 중 하나는 청렴해야 한다는 것이다. 또 하나 기억나는 것은 리더는 신용이 있어야 한다. 즉 신뢰받을 수 있어야 한다는 것이다. 이 모든 것이 규범적인 주장이다. 아마 다산이 진정

쓰고 싶었던 것은 이처럼 일방적으로 청렴과 신용을 요구하기 보다는 일단 사람들의 부패 가능성을 받아들이고 통치권자는 어떻게 하면 충언과 감언을 구분하여 올바른 정보만이 전달될 수 있도록 시스템을 구축할 수 있을 것인가라는 조직설계의 문제였을 것이라고 믿는다.

나는 이러한 다산의 정신을 받들어 이상적인 조직 설계 방법을 생각해 보았다. 여기서 가장 어려운 부분은 조직의 구조뿐 아니라 인사배열까지 동시에 결정해야 한다는 점이다. 조직은 수직형 또는 수평형 또는 피라미드형 어떤 형태가 가장 효율적일까 뿐만 아니라 이렇게 결정된 조직구조의 자리(position)마다 어떤 사람을 배치할 것인가라는 문제를 함께 고려하고자 한다.

예를 들어, n명의 구성원이 있다고 하자. 이 조직의 리더는 이 n명의 구성원에 대해 신뢰하는 정도가 다르다고 하자. 부패도를 α_i라 하고 편의상 $\alpha_1 < \alpha_2 < ... < \alpha_n$이라 가정하자. 즉 첫 번째 구성원이 가장 신뢰할만하고 마지막 구성원이 가장 신뢰하기 어렵다고 하자. 여기서 α_i는 부패확률 즉 그 구성원이 공익이 아닌 사익을 위하여 왜곡된 정보를 상부에 보고할 확률이다. 이제 $n = 2$라는 가장 간단한 경우를 먼저 생각해 보자. 아래로부터 보고되는 정보의 왜곡을 최소화하기 위해서 조직은 수평적으로 설계되어야 할 것인가 수직적으로 설계되어야 할 것인가? 수평적인 구조라면 즉 1과 2가 모두 직접 리더인 0에 연결되어 보고한다면 한 사람이 각각 1/2의 정보량을 처리하여

리더에게 왜곡된 정보가 전달될 확률은 $H = \frac{1}{2}(\alpha_1 + \alpha_2)$이다. 수직적 구조라면 즉 2가 1에 보고하고 다시 1이 0에 보고하는 구조이면 보고가 왜곡될 확률은 1에서 보고가 왜곡되지 않을 확률을 뺀 것이므로 $V = 1 - (1-\alpha_1)(1-\alpha_2)$이고

따라서 $\Delta = 2(V-H) = \alpha_1(1-\alpha_2) + \alpha_2(1-\alpha_1) > 0$, 즉 $V > H$, 수평적 구조에서 보고가 왜곡될 가능성이 더 낮다는 것이다. 이처럼 수평적 구조가 더 좋은 이유는 상식적으로도 쉽게 이해가 간다. 수직적 구조에서는 옥상옥이라고 보고를 거칠 때마다 왜곡될 가능성이 생기므로 긴 보고경로를 거칠수록 정보는 한 번 더 왜곡될 가능성이 커지는 것이다. 따라서 간결한 보고경로가 항상 좋다.

그러나 수직적 구조의 장점도 있다. 수직적 구조에서는 윗사람이 아래에서 올라오는 잘못된 정보를 정정할 수 있는 기회가 있지만 수평적 구조에서는 이러한 기회가 없다. 그런데 수직적 구조는 1이 2의 상관인 경우와 2가 1의 상관인 경우로 나누어 생각할 수 있다. 더 믿을 만한 사람을 어디에 배치해야 할까? 당연히 리더 바로 아래 배치하는 것이 좋을 것 같다. 실제로 계산해 봐도 그렇다. 그 이유는 그래야만 보다 많은 왜곡된 정보를 바로잡을 수 있기 때문이다. 따라서 잘못된 정보가 바로잡힐 확률을 q라고 하면 이 확률에 따라 q가 크면 수직적 구조가 좋고 q가 작으면 수평적 구조가 좋을 것이다.

이제 좀 더 피라미드 형태의 구조를 생각해 보자. 어떤 부서가 m 명으로 되어 있다면 누가 이 부서의 우두머리가 되어야 할까? 이 중 가장 신뢰도가 높은 사람이 되어야 한다. 이 역시 어찌 보면 당연한 것으로 보인다. 가장 깨끗한 사람이 우두머리로 있어야 아래에서 올라오는 왜곡된 정보가 가장 높은 확률로 정정될 수 있기 때문이다. 이제 두 가지 부서가 있다고 하자. 첫 번째 부서는 m_1명, 두 번째 부서는 m_2명으로 이루어졌다고 하자. 첫 번째 부서가 상대적으로 더 신뢰성이 높은 부서라 하자. 어느 부서에 더 믿을만한 사람을 장으로 앉혀야 할까? 더 부패한 부서에 더 깨끗한 사람을 배정해야 한다고 생각하기 쉬우나 그렇지 않다. 깨끗한 정보를 타락시키는 효과가 혼탁한 정보를 정화시키는 효과보다 크기 때문에 깨끗한 부서에 더 믿을만한 사람을 배정하여 정보의 신뢰성을 유지해야 한다. 결국, 정말 깨끗한 신뢰할만한 사람들은 아래에 그보다 신뢰하기 어려운 부하 직원들을 둠으로써 정보를 타락시키기보다 암행어사처럼 혼자 일하는 것이 더 좋다.

결국, 가장 효율적인 조직의 구조는 위에서부터 가장 신뢰할만한 사람들을 배치하고 이들은 대개 많은 부하 직원을 거느리지 않는다. 그리고 아래로 내려갈수록 신뢰하기 힘든 사람들로 채워지게 된다.

이러한 구조는 일본의 고이즈미 총리 내각에서도 항상 추구했던 것으로 작가 출신인 이노세를 도로공단 개혁위원장에 앉혀 독립적인 기구를 지향했던 것이다.

후기

이 연구는 George Mason 대학을 방문하던 2003년 겨울 시작하여 2003년 일본 국립정책대학원(GRIPS)에서 새 직장을 잡을 때 job market paper로 발표했었다. 따라서 내게는 매우 뜻깊은 논문이다. 그 후 2004년 연세대학교에서 개최된 극동계량경제학회에서 발표하였고, 최종적으로는 2010년 BE Journal of Theoretical Economics에 출간되었다. 그런데 그 와중에 보니 갓 박사학위를 받고 귀국한 젊은 후배가 완전히 동일한 주제를 가지고 학회에서 발표하고 있었다. 아마 그즈음에 미국에서 취득한 박사학위에 포함된 논문인 것 같은데 나는 그 순간 이 사실을 학교 측에 알려야 할까 말아야 할까 고민하였다.(실제로 이와 거의 동일한 전례가 있었는데 그때는 그 사실을 표절자의 모교인 Northwestern 대학교 측에 알림으로써 당사자의 학위논문이 취소되고 Journal of Econmics, Management and Strategy에 이미 게재된 그 논문도 게재가 취소되었다) 나는 그 후배의 인생을 위해 함구하기로 하였다. 언젠가 그 후배가 이 글을 읽을 기회가 있다면, 그리고 진정으로 잘못을 사과한다면 나는 그 후배를 너그러이 용서하고 어쩌면 존경할 수도 있을 것이다.

싼 게 비지떡

　내가 재직 중이던 대학 부근에는 '장충동 족발집'이라는 이름으로 유명한 명소가 있다. 분명 장충동 족발집의 원조는 하나뿐일 텐데, 너나 할 것 없이 '원조 장충동 족발집'이라는 상호를 사용하고 있다. 그러다 보니 서로 자기가 진짜 원조라고 주장하기 위하여 '원조 1호', '원조의 원조', '진짜 원조'와 같은 보다 강한 표현을 사용하기까지 한다.

　이천에는 이천 쌀이 없고, 한우 시장에는 한우가 없다고 한다. 자연산 광어는 실제 어획되는 양보다 수십 배나 많은 양이 시장에서 거래되고 있다.

소비자들은 분명 진짜 이천산 쌀을, 진짜 한우를, 양식광어가 아닌 진짜 자연산 광어를 먹고 싶어 하고, 족발은 진짜 원조족발집에서 소주 한 잔 걸치면서 먹기를 원할지라도, 이들이 진짜와 가짜를 구별하는 것은 현실적으로 쉽지가 않다. 진위여부는 오직 판매자만이, 좀 더 정확히 말하면, 생산자만이 알고 있을 뿐이다. 이처럼 경제행위에 필요한 정보가 모든 사람들에 의해 공유되지 않고, 일부 경제주체들에게만 편중되어 있는 상황을 총칭하여 '비대칭적 정보'라 한다.

이처럼 정보가 비대칭적으로 주어져 있으면 경제주체들은 전략적, 기회주의적으로 행동하게 되고 이는 사회의 후생을 감소시키는 주요한 요인이 되지만, 반면에 이로 인하여 세상살이는 마치 재미있는 게임을 하는 것처럼 흥미로와 지고, 경제는 전통적인 경제이론으로는 설명하기 어려운 특이한 현상들을 나타내게 된다.

광우병 파동으로 사회가 시끄러울 때 나는 국민들의 소고기 기피현상 때문에 소고기 수요가 크게 감소했을 것이므로 예전보다 저렴한 가격에 소고기를 먹으리라 기대하고 음식점을 찾았다. 그러나 내가 찾았던 음식점에서는 오히려 소고기 음식이 더 비싸졌음을 발견할 수 있었다. 이러한 기이하고도 흥미로운 현상을 어떻게 설명할 수 있을까?

당시 사람들은 소고기 음식의 소비 자체보다도 먹어서 안전한 질 높은 소고기 음식의 소비를 절실히 원하고 있었기 때문에, 값비싼 소고기가 이보다 훨씬 저렴한 소고기보다 소비자들에게 안전성에 있어서 신뢰를 줄 수 있었을 것이다. 만약 어떤 음식점에서 수요가 없다고 수요진작의 목적으로 가격을 인하했는데, 경쟁업소는 예전 가격을 그대로 유지하거나 오히려 가격을 인상한다면, 소고기의 품질을 확신할 수 없는 일반 소비자들은 값싼 소고기를 기피하고 오히려 값비싼 소고기 음식점으로 몰릴 가능성이 있을 것이다. 왜냐하면, 이 경우 높은 가격이 높은 품질을 말해 준다고 믿을 수 있기 때문이다. 이러한 경우 경제학자들은 높은 가격이 높은 품질을 신호한다고 말한다.

'신호(signal)'는 노벨경제학상 수상자 마이클 스펜스 교수에 의해 처음으로 경제학에 도입된 개념으로서, 일반적으로 정보가 비대칭적으로 주어진 상황에서 정보를 갖지 않은 자가 상대방이 가진 정보를 필요로 하는 경우 이 정보를 직접적으로 알 수는 없을지라도 상대방의 행위를 관찰함으로써 필요한 정보를 유추해 낼 수 있다. 위의 사례에서 소비자들은 그들이 알고자 하는 소고기의 품질은 직접 관찰할 수는 없더라도 업소가 정하는 소고기 음식의 가격을 통해서 간접적으로 그들이 사용하는 소고기의 품질을 추론할 수 있다는 것이 스펜스 교수 주장의 핵심인 것이다. 우리나라 격언에 '싼 게 비지떡'이라는 말이 있다. 가격이 싸다면 대개 그럴만한 이유가 있다는 의미이다. 이 말 속에는 이미 가격의 신호기능에 대한 우리 옛 선조들의 지혜가 담겨져 있다.

가격 이외에도 신호기능을 하는 경제변수들은 수없이 많이 있다. 소비자들은 어떤 기업의 광고비 지출 규모를 보고 제품의 품질을 추측한다. 투자가들은 기업의 부채비율을 보고 주가를 예측한다. 음식점 앞에서 장사진을 이룬 고객들은 음식의 맛에 대한 신호가 될 수 있고, 저명인사들의 기부금 액수는 다른 사람들에게 그 모금운동의 신뢰성에 대한 신호가 되어 보다 많은 기부금을 모으는 데 일조할 수 있다. 그 외에도 포커에서 어떤 사람의 베팅액수는 그가 가진 패에 대한 신호가 될 수 있고, 타석에 들어선 타자의 타격 자세는 그가 어떤 공을 기다리고 있는가에 대한 정보를 줄 수 있다. 처음 맞선 본 자리에서 함께 식사 하러 가자는 제안은 파트너가 마음에 없다는 신호로 간주되고, 바지를 즐겨 입는 아가씨는(역설적으로 들리지만) 몸매에 자신이 없다는 자기표현일 수가 있다. 한 문제만 택해서 풀어도 되는 선택형 시험에서 가장 어려워 보이는 문제를 선택하는 사람은 자신의 지적 능력에 대한 자신감을 나타내는 것이고, 사회의 유명인사들을 잘 안다고 불필요하게 떠벌이고 다니는 사람은 스스로 내세울 것이 없음을 신호하는 것이리라.

착한 사마리아인의 법은 필요한가

> 어떤 사람이 예루살렘에서 예리코로 내려가다가 강도들을 만났다. 강도들은 그의 옷을 벗기고 그를 때려 초주검으로 만들어 놓고 가 버렸다. 마침 어떤 사제가 그 길로 내려가다가 그를 보고서는, 길 반대쪽으로 지나가 버렸다. 레위인도 마찬가지로 그곳에 이르러 그를 보고서는, 길 반대쪽으로 지나가 버렸다. 그런데 여행을 하던 어떤 사마리아인은 그가 있는 곳에 이르러 그를 보고서는, 가엾은 마음이 들었다. 그래서 그에게 다가가 상처에 기름과 포도주를 붓고 싸맨 다음, 자기 노새에 태워 여관으로 데리고 가서 돌보아 주었다. 이튿날 그는 두 데나리온을 꺼내 여관 주인에게 주면서, '저 사람을 돌보아 주십시오. 비용이 더 들면 제가 돌아올 때에 갚아 드리겠습니다.' 하고 말하였다. 너는 이 세 사람 가운데에 누가 강도를 만난 사람에게 이웃이 되어 주었다고 생각하느냐?" 율법 교사가 대답했다. "그에게 자비를 베푼 사람입니다."
>
> — 루까복음 10.30-35 —

착한 사마리아인의 법이란 어떤 사람이 어려움에 당했을 때 구조할 수 있었음에도 구조하지 않는 경우 법적으로 처벌하는 법이다. 프랑스를 비롯한 많은 국가들이 이 법을 시행하고 있으나 우리나라는 아직 착한 사마리아인의 법이 없다. 대신 착한사마리아인의 법의 의도와 맞는 법으로 응급의료에 관한 법률, 일명 구호자 보호법이 있다. 즉 응급 처치로 인한 과실로 손해나 사망을 하게 된 경우 법적인 책임을 감면 또는 면제해주는 법이다. 그러나 구조를 요하는 사람을 지나가던 사람이 도와주지 않았다고 해서 법적인 책임을 묻지는 않는다.

이러한 법이 왜 필요한지 합리적 선택이론에 입각하여 생각해 보자.

가령 어떤 사람이 물에 빠져 익사 직전에 있다고 하자. 이 사람이 구조되어 목숨을 건진다면 그의 생명의 사회적 가치는 매우 크다고 하겠다. 이를 V라고 하자. 그런데 지나가는 사람이 아무도 그를 도와주지 않는다면 이러한 V라는 가치는 사라지게 될 것이다. 이제 지나가던 사람이 이 사람을 구조하기 위해서는 밧줄 하나만 찾아서 던져 주고 약간의 힘을 주어 당겨주면 될 것이다. 이 구조비용을 c라고 하면 이는 V값에 비해서는 터무니없이 낮은 값이다. 그러나 여전히 $c > 0$일 것이다. 아무리 작은 값이라도 비용이 드는 것은 사실이다. 이제 이 사람이 합리적인 사람이라면 어떤 선택을 할 것인가? 이 사람은 자신의 구조행위가 사회에 얼마나 큰 도움이 되는지는 고려하지 않을 것이다. 비록 자신의 구조행위는 타인에게 V라는 엄청난 편익을 제공할 수 있는 긍정적 외부성을 창출함에도 불구하고 그는 관심이 없다. 오로지 자신에게 도움이 되는가만을 생각할 것이고 따라서 아무리 작은 값이라도 c만큼의 비용을 들일 이유가 없기 때문에 그대로 지나갈 것이다. 길에서 깡패들에게 두들겨 맞고 피를 흘리며 쓰러져 있는데 자기 일이 아니라고 그냥 지나치는 많은 사람들이 바로 이러한 심리일 것이다. 이는 사회적으로 바람직한 행위가 아니다. 그의 이기심 때문에 사회적으로는 큰 가치의 손실이 예상되기 때문이다. 그러나 그렇다고 그의 이기심을 탓하고 싶지는 않다. 왜냐하면, 이기심은 인간의 본성으로서 자신의 이익을 추구하는 개인적 합리성을 막을 수는 없기 때문이다.

따라서 자유방임만으로는 사회적으로 유익한 행위를 이끌어낼 수 없으므로 보다 강제적인 수단을 사용해야만 하고 이러한 목적으로 사용될 수 있는 것이 법, 구체적으로는 착한 사마리아인의 법이다. 즉 구조가 요구되는 상황에서도 구조행위를 하지 않으면 책임을 묻는 것이다. 이처럼 구조의 의무를 부여하면 구조행위로 인한 긍정적 외부효과(큰 편익의 증가)가 내부화되어 고스란히 자신에게 돌아오게 된다. 왜냐하면 내가 구조행위를 하지 않으면 타인에게 V만큼의 피해를 그대로 발생시키게 되고 이러한 피해에 대해 내가 책임을 져야 하므로 이것이 나의 피해가 되어버린다. 따라서 나는 마치 내 피해를 최소화하는 양 적극적으로 구조행위에 나서게 된다. 이것이 착한 사마리아인의 법의 합리적 근거이다.

이처럼 구조를 절실히 필요로 하는 사람을 도와준다는 점에서 법 자체의 의도는 매우 좋은 것 같은데 왜 이 법이 모든 국가에서 시행되지 못하고 찬반양론이 팽팽히 맞서는 것일까? 법조계에서 반대하는 중요한 이유 중 하나는 개인의 도덕성에 맡겨야 할 일을 법에 맡기게 되었을 때 발생할 수 있는 피해를 염려하는 것이다. 아이들의 자율에 맡겨도 될 것을 강제로 시키면 하기 싫어지는 심리와 유사하다고나 할까? 또 이는 소위 제도적 구축효과 (institutional crowding effect)와 유사하여 어린이집에 아이를 늦게 데리러 온 부모에게 벌금을 내게 했더니 오히려 부모들이 더 늦게 나타나기 시작했다는 Gneezy and Rustichini (2000)의 연구결과를 연상케 한다. 나는 이러한 행동경제학자들의 예측이 어느 정도 현실과 부합하는 측면도 있으리라는 것을 인정하지만, 인간의 이타성을 강조하는 도덕성에만 사람들의 목숨을 맡기는 것은 너무 위험한 것이 아닌가 생각한다. 이타적인 행동을 기대하지만 보장되는 것은 아니지 않는가? 인간의 이타심이 보편적인 현상이라면 길거리에서 깡패들에게 맞는 사람들을 보면서 그냥 지나치는 행인들은 어떻게 설명할 것인가? 따라서 나는 합리적 선택이론가로서 도덕성에 맡기자는 반대 논리에는 동의하지 않는다.

그러나 나는 다른 이유에서 착한 사마리아인의 법을 찬성하지도 않는다. 착한 사마리아인의 법의 취지에는 공감하나 구조행위를 하지 않았을 때 책임을 묻는 것이 그에게 구조의 유인을 주는 유일한 방법은 아니기 때문이다. 구조행위를 했을 때 상을 주는 것도 하나의 방법이다. 그리고 나는 이 방법이 책임을 묻는 방법보다 어떤 면에서 더 낫다고 생각한다. 아이들이 못 했을 때 꾸지람을 하는 것보다 잘했을 때 칭찬을 하라는 진부한 말처럼 들리겠지만 그 합리적 근거는 전혀 다르다.

문제 해결의 핵심은 긍정적 외부효과를 어떻게 내부화시키느냐에 있다. 착한 사마리아인의 법은 타인에게 주던 구조의 긍정적 효과 V를 내가 느끼도록 책임을 부담시키는 것이었다면 후자의 경우 역시 이러한 긍정적 효과의 일부를 나에게 귀속시킴으로써 구조가 남의 문제가 아니라 내 문제가 되도록 만드는 것이다. 그러면 왜 이 방법이 착한 사마리아인의 법보다 효율적이라고 생각하는가? 그것은 구조가 절실히 요구되는 상황은 주변에 다른 목격자들이 거의 없는 경우가 일반적이기 때문이다. 따라서 내가 구조행위를 하지 않고 그냥 지나치더라도 보는 사람이 아무도 없고 신고할 사람도 거의 없다. 이러한 법 집행의 불완전성 때문에 실제로 구조하지 않았다는 이유로 책임을 지는 경우는 거의 없다고 봐야 한다. 그러나 포상을 하는 경우는 다르다. 이때에는 법 집행의 불완전성은 문제가 되지 않는다. 스스로 포상을 받기 위해 신고할 것이기 때문이다.

세월호 참사 때 승객 김홍경 씨는 맨 꼭대기 5층 오른쪽 끝방에 있었다. 배가 왼쪽으로 기울고 있어 가장 빨리 탈출할 수 있는 위치였다. 그러나 3, 4층 객실에서 살려 달라고 외치는 단원고 학생들을 외면할 수 없었다. 김 씨는 구명조끼 수십 벌을 찾아 학생들에게 던졌다. 객실 커튼을 뜯고 소방 호스를 풀어 엮은 로프로 학생 20여 명을 구조했다. 그는 세월호 의인(義人) 중 한 명으로 꼽혔다. 1년 2개월여가 흐른 지금 김 씨의 존재는 잊혀버렸다. 그뿐 아니다. 참사 후 몇 달간 불면증에 시달리다 작년 12월 위암 4기 판정을 받고 투병하고 있다. 배관 설비 기술자인 김 씨는 세월호가 침몰하면서 승합차와 장비를 잃었고, 암 치료를 하느라 1500만원 빚까지 졌다. 그러나 정부 지원액은 중고 찻값 등 530만원이 전부다. 김홍경 씨뿐 아니다. 화물기사 김동수 씨도 당시 소방 호스로 학생 20여 명을 구조했다. 김 씨는 그 후 물만 보면 공포를 느끼는 정신 장애를 겪었고 손을 마음대로 움직일 수 없게 됐다. 생계난까지 겹쳤다. 그는 흉기로 자해(自害)를 시도했다. 김 씨는 의사상자(義死傷者)

지원 신청을 했으나 여태 소식이 없다.(chosun.com 2015. 6. 12)

나는 착한 사마리아인의 법 이전에 이러한 분들을 위한 의인법(김홍경, 김동수법)이 우선 제정되어야 한다고 생각한다.

참·고·문·헌

Gneezy, U. and A. Rustichini, 2000, Pay enough or don't pay at all, Quarterly Journal of Economics, 791-810

표현의 자유에 대하여

만약 어떤 신문기자가 "옥수수 상인들이 가난한 사람들을 모두 굶주리게 만들었다"라는 주장을 싣는다면 이는 표현의 자유에 해당하는가? 만약 똑같은 말을 옥수수 상인의 집 앞에 모여있는 성난 폭도들 앞에서 했다면 이 역시 표현의 자유로 허용되어야 하는가? John Stuart Mill은 "자유론"에서 똑같은 말이라도 첫 번째 상황에서는 허용되어야 하지만 두 번째 상황에서는 허용되어서는 안 된다고 주장한다. 이것이 Mill의 유명한 피해원칙(Harm Principle)이다.

그 이유는 다음과 같다. 첫 번째 경우에는 이런 주장을 신문에 썼다고 바로 어떤 위험스런 사태가 예견되지는 않는다. 그러나 두 번째 경우에는 누군가의 이러한 외침은 성난 군중들의 마음에 불을 붙여 곧바로 무슨 일이라도 일어날 것 같은 위험이 감지되기 때문이다. 즉 눈앞의 피해가 예상되기 때문이다. 이러한 경우에는 표현의 자유는 제한되어야 한다는 것이 Mill이 제시한 피해원칙이다.

표현의 자유가 얼마나 보장되어야 하는가라는 문제를 경제학적인 관점에서 생각해 보자. 우선 "표현"이란 경제학적으로 어떻게 정의할 수 있는가? 이는 "자신의 의견을 다른 사람들에게 나타내는 것"이라고 정의할 수 있다. 따라서 "표현"이라는 행위는 본질적으로 그 행위의 결과가 타인에게 미친다. 내가 어떤 표현을 함으로써 나만 만족을 느끼는 것이 아니라 이를 보거나 들은 타인들도 어떤 만족 또는 불만족을 느끼게 된다. 이를 경제학에서는 외부효과라고 한다. 표현이란 기본적으로 외부효과를 수반한다. 만약 어떤 사람의 행위가 다른 사람들에게 엄청난 불쾌감을 준다면 그런 행위는 당연히 규제되어야 하는 것처럼 어떤 사람의 말이나 글이 매우 큰 외부불경제를 초래하여 다른 사람들의 효용을 크게 떨어뜨린다면 이러한 표현은 제한되는 것이 경제학적으로 옳다. 만약 정부가 이러한 행위나 표현을 규제하지 않는다면 이는 사회의 질서를 유지해야 하는 책임이 있는 국가의 직무 유기이다. 일전에 고려대 법대의 모 교수가 표현의 자유라며 온라인상에 자신의 은밀한 부분을 노출시키는 행위는 법적으로는 "표현의 자유"에 해당하는지 잘 모르겠으나 경제학적으로는 명백히 제한되어야 하는 행위에 해당한다.

많은 사람들이 헌법에 보장되어 있는 "표현의 자유"는 터무니없다고 생각되는 말까지도 마음대로 할 수 있는 권리라고 생각하고 있다. 이 말은 사실이 아니다. 미국을 포함한 어떤 나라의 헌법도 무제한적 표현의 자유를 보장하지는 않는다. 제한된 표현의 자유만이 보장되는 것이다. 우리나라 헌법도 헌법 21조 4항에 의하면 공익을 해하는 경우에는 제한할 수 있다고 규정하고 있다. 나라마다 어디까지를 공익을 해하는 경우로 보느냐에 대해서는 차이가 있을 수 있으나 크게 보면 그 원칙은 모두 하나라고 볼 수 있다.

이 원칙은 다음과 같이 생각할 수 있다. 사람들의 표현은 많은 정보를 포함한다. 이러한 정보는 때로는 정확할 수도 때로는 부정확하고 근거 없는 것일 수도 있다. 나 같은 소시민이 친구들과 밥 먹으면서 하는 말은 좀 틀려도 된다. 어떻게 식사하면서도 논문 쓰듯이 정확한 말만 할 수 있으랴. 듣는 사람도 그저 한두 사람뿐이고 따라서 내가 정부의 정책에 대해서 잘 모르면서 비판을 한다고 해도 그 사회적인 파급효과는 거의 무시해도 된다. 이런 경우는 공익을 해한다고 보기 어렵기 때문에 표현의 자유에 해당한다고 볼 수 있다. 그러나 내가 아니 나보다 더 영향력 있는 노벨상 수상자가 어떤 잘못된 정보에 기인한 글을 신문에 기고하여 이 글을 읽은 사람들이 잘못된 의사결정을 하도록 이끌었다면 이러한 글도 표현의 자유라고 말하기는 곤란하다고 생각한다.

우선 표현의 자유에 의해 허용될 수 있기 위해서는 사실에 근거해야 한다. 적어도 사실인지 여부를 확인하려는 노력이 있었어야 할 것이다. 아무 말이나 하고 나서 문제가 되면 나는 사실인 줄 알았다고 발뺌하는 무책임한 행위는 면책 사유가 되어서는 안 될 것이다. 왜냐하면, 그렇게 되면 누구나 사실 확인 없이 아무 말이나 하게 되고 그 결과 근거 없는 정보들이 난무할 것이기 때문이다. 모 국회의원이 허위사실유포로 구속된 후 미국이었으면 구속되지 않았을 거라고 했는데 이는 유명한 Sullivan case를 두고 한 말이다. 미국에서는 Sullivan case를 기점으로 표현의 자유, 명예훼손에 관한 판례가 피해원칙(harm principle)에서 실제적 악의 원칙(actual malice rule)으로 바뀌는 대반전이 이루어지는데 이 원칙은 악의적으로 은폐 또는 사실 왜곡의 의사가 있었음을 원고가 입증해야 한다는 것이다. 그러한 악의가 있었음을 검사가 입증하기란 거의 불가능하기 때문에 Sullivan case 이후부터는 명예훼손은 미국에서 거의 사라지게 되었다고 한다.

나는 여기에서 표현의 자유에 관한 두 번째 원칙을 제시하고자 한다. 어떤 사람의 표현의 파급효과는 받아들이는 사람이 어떻게 받아들이느냐에 의존하고 이는 또한 표현 자가 어떤 사람인가에 달려있다. 나 같은 게임이론 전문가가 방송에 나와서 곧 주가가 오를 것 같으니 지금이 주식을 살 때라고 아무리 이야기해 봐야 누가 믿을 것이며 어떤 파급효과가 있겠는가? 그러나 알란 그린스펀 같은 사람이 그런 말을 했다면 이야기가 다르다. 그의 말은 권위가 있고 매우 많은 정확한 정보에 기인한 것이라고 믿기 때문에 이 말을 들은 청중들은 투자 결정을 조정할 것이다. 그런데 만약 그린스펀의 말이 틀렸다고 하자. 경제는 파탄날 것이다. 이것이 실제 2008년 글로벌 금융위기 때의 일이다. 요컨대 소시민들과는 달리 사회적으로 영향력 있는 사람은 말을 조심해야 한다는 것이다. 똑같은 말이라도 누가 하느냐에 따라 표현의 자유가 허용될 수도 허용되지 않을 수도 있어야 한다. 그 이유는 위에서 말한 대로 듣는 사람은 자신의 정보와 남이 말한 정보를 모두 참고하여(전문적으로 말하면 이들의 가중평균을 구하여) 의사결정을 하는데 '남'이 나보다 훨씬 잘 아는 전문가라면 그의 말에 훨씬 높은 가중치를 주어 판단하는 것이 합리적이기 때문이다. 예를 들어 내 정보에 주는 가중치(weight)보다 그린스펀처럼 뛰어난 사람의 말에 훨씬 더 높은 가중치를 주는 것이 당연하지 않겠는가. 이처럼 사람들이 그의 말을 신뢰하고 있을 때 그가 한 말이 사실이 아니었다면 위의 예상치와 실제 실현된 값 간의 오차가 너무 커지게 되고 이는 많은 사람들이 잘못된 결정을 내리게 된다는 것을 의미한다. 이것이 바로 2009년 우리나라에서 벌어진 미네르바 사건의 본질이라고 볼 수 있다. 2009년 리만 브라더스의 파산, 원하의 급등 등을 정확하게 예측하여 인터넷 대통령이라고 불리우던 익명의 블로거가 전기통신법상 허위사실유포로 구속된 사건이다. 이 판결은 그가 영향력이 매우 큰 power blogger였다는 점이 작용했다고 보여진다.

앞에서 Mill은 같은 말이라도 상황에 따라 표현의 자유 허용 여부가 달라져야 한다고 주장했는데, 나는 같은 말이라도 표현자에 따라 달라져야 한다는 점을 강조하고 싶다. 이는 어떤 사람에게는 불공평해 보일지 모르나 그의 사회적 영향력이 남다르기 때문에 그에게 좀 더 조심할 유인을 주어야 한다는 점에서 불가피하다고 생각한다.

깨진 유리창

영화 배트맨에 등장하는 을씨년스러운 범죄의 도시 고담시. 이는 미국의 뉴욕시를 상징하고 있다는 것은 잘 알려져 있다. 1990년대 당시 뉴욕시장이었던 줄리아니는 "범죄와의 전쟁"을 선포하고 범죄를 줄이기 위한 각종 묘안을 짜내기에 이르렀는데, 가장 먼저 시작한 것은 흉악범들을 잡아들이는 것이었다. 효과가 없었다. 그러자 구석구석 CCTV를 설치하기 시작하였다. 이는 상당한 효과가 있을 것으로 전망되었으나 이 역시 효과가 없었다. 당시의 CCTV 성능으로는 범인을 가려내기 어려웠기 때문이었다. 재선의 가능성이 점차 희박해 지고 있을 때 마지막으로 "낙서와의 전쟁"을 선포하였다. 지하철역, 버스, 골목골목마다 낙서를 지우기 시작했다. 아니 "범죄와의 전쟁"을 선포한 사람이 선거가 얼마 안 남았는데 고작 한가하게 "낙서와의 전쟁"이라니? 사람들은 의아해했다. 그러나 놀랍게도 흉악범죄는 줄기 시작하였고 줄리아니는 뉴욕시장 재선에 성공하였다.

낙서와 범죄가 도대체 무슨 관계가 있을까? 이것이 소위 깨진 유리창이론의 핵심이다. 물론 이 아이디어는 줄리아니 당시 뉴욕시장에 의해 유명해졌지만 그가 처음 낸 것은 아니고, 1982년 Wilson과 Kelling이라는 미국의 범죄학자들에 의해 주장된 이론이다. 또한, 이보다 먼저 1961년 도시계획학자인 Jane Jacobs의 유명한 책이 그 효시라고 보는 사람들도 많다.

깨진 유리창 이론이 진정으로 말하는 바가 무엇인가에 대해 여러 가지 해석과 설명이 있지만 나는 그 본질이 범죄의 자기실현성(self-fulfilling)이라고 한 단어로 말할 수 있을 것 같다. 간단히 말하면 실제 범죄율과 예상 범죄율이 있는데, 예상 범죄율이 높으면 실제 범죄율도 높아지고 예상 범죄율이 낮으면 실제 범죄율도 낮아진다는 것이다. 이러한 범죄율의 자기예언적 성격은 많은 문헌에서 나타나고 있는바, Katyal (2002)은 범죄에 대한 공포가 사람들로 하여금 도로로 나오지 않거나 이 공동체를 떠나게 함으로써 범죄에 대한 자연 감시력을 약화시키고 따라서 범죄는 증가하고 범죄가 증가할수록 사람들은 더 떠나고 이러한 악순환이 반복된다고 주장하였다. 이러한 악순환의 반복(또는 선순환의 반복)을 경제학자들은 전략적 보완성이라고 표현한다.

깨진 유리창

영화 배트맨에 등장하는 을씨년스러운 범죄의 도시 고담시. 이는 미국의 뉴욕시를 상징하고 있다는 것은 잘 알려져 있다. 1990년대 당시 뉴욕시장이었던 줄리아니는 "범죄와의 전쟁"을 선포하고 범죄를 줄이기 위한 각종 묘안을 짜내기에 이르렀는데, 가장 먼저 시작한 것은 흉악범들을 잡아들이는 것이었다. 효과가 없었다. 그러자 구석구석 CCTV를 설치하기 시작하였다. 이는 상당한 효과가 있을 것으로 전망되었으나 이 역시 효과가 없었다. 당시의 CCTV 성능으로는 범인을 가려내기 어려웠기 때문이었다. 재선의 가능성이 점차 희박해 지고 있을 때 마지막으로 "낙서와의 전쟁"을 선포하였다. 지하철역, 버스, 골목골목마다 낙서를 지우기 시작했다. 아니 "범죄와의 전쟁"을 선포한 사람이 선거가 얼마 안 남았는데 고작 한가하게 "낙서와의 전쟁"이라니? 사람들은 의아해했다. 그러나 놀랍게도 흉악범죄는 줄기 시작하였고 줄리아니는 뉴욕시장 재선에 성공하였다.

낙서와 범죄가 도대체 무슨 관계가 있을까? 이것이 소위 깨진 유리창이론의 핵심이다. 물론 이 아이디어는 줄리아니 당시 뉴욕시장에 의해 유명해졌지만 그가 처음 낸 것은 아니고, 1982년 Wilson과 Kelling이라는 미국의 범죄학자들에 의해 주장된 이론이다. 또한, 이보다 먼저 1961년 도시계획학자인 Jane Jacobs의 유명한 책이 그 효시라고 보는 사람들도 많다.

깨진 유리창 이론이 진정으로 말하는 바가 무엇인가에 대해 여러 가지 해석과 설명이 있지만 나는 그 본질이 범죄의 자기실현성(self-fulfilling)이라고 한 단어로 말할 수 있을 것 같다. 간단히 말하면 실제 범죄율과 예상 범죄율이 있는데, 예상 범죄율이 높으면 실제 범죄율도 높아지고 예상 범죄율이 낮으면 실제 범죄율도 낮아진다는 것이다. 이러한 범죄율의 자기예언적 성격은 많은 문헌에서 나타나고 있는바, Katyal (2002)은 범죄에 대한 공포가 사람들로 하여금 도로로 나오지 않거나 이 공동체를 떠나게 함으로써 범죄에 대한 자연 감시력을 약화시키고 따라서 범죄는 증가하고 범죄가 증가할수록 사람들은 더 떠나고 이러한 악순환이 반복된다고 주장하였다. 이러한 악순환의 반복(또는 선순환의 반복)을 경제학자들은 전략적 보완성이라고 표현한다.

보완재라는 것은 커피와 설탕처럼(설탕이 커피의 효용을 증가시켜 주는 것처럼) 서로의 효용을 높여 주는 재화를 말한다. 마찬가지로 범죄도 그런 특성이 있어서 범죄를 짓는 다른 사람들이 있으면 내가 범죄를 저지르는 것이 좀 더 쉬워진다는 것이다. 그 이유는 위에서 말한 대로 범죄율이 높을수록 사람들이 거리로 나오지 않을 것이므로 내가 범죄를 저지르더라도 체포되지 않을 가능성이 더 커지기 때문이다. 이처럼 전략적 보완성이 있으면 실제 범죄율은 사람들의 범죄율에 대한 예상치가 무엇인가에 따라 달라지게 된다.

이제 깨진 유리창 이론이 우리에게 던지는 퍼즐을 풀어보자. 깨진 유리창 이론이 던지는 퍼즐은 다음과 같다. 노벨상 수상자인 Becker 교수의 이론에 따르면 사람들이 범죄를 저지르는 것은 범죄에 관한 전통적인 병리 가설처럼 그러한 범죄인들이 정상인들과는 다른 병적인 존재이기 때문이 아니고 그들도 정상인들과 동일하게 합리적인 선택을 한 결과이다. 즉 어떤 사람들은 죄를 짓지 않고 다른 사람들은 죄를 짓는다면 그들은 여타의 사람들과는 달리 범죄로부터의 이득이 범죄의 비용보다 높기 때문이지 그들이 결코 병적인 사람은 아니라는 것이 Becker 교수의 범죄에 관한 합리가설의 내용이다. 우리가 이러한 합리가설을 믿는다면 효과적인 범죄억제정책은 무엇이 되어야 할까? 전통적인 사회학자, 범죄학자, 교정학자들이 주장하는 것처럼 삐뚤어진 사람들에 대한 교화, 교도가 아니라 그들이 범죄행위로부터 얻게 되는 이익을 줄이거나 범죄비용을 높여야 합리적인 범죄행위를 억제할 수 있다는 것이다. 이를 위해 단속을 강화하거나 벌금을 높이는 것이 효과적인 범죄억제정책이라 할 수 있다. 그러면 깨진 유리창 이론이 말하는 범죄억제 효과는 어떻게 나타나는 것인가? 낙서를 지운다고, 깨진 유리창을 방치하지 않고 갈아낀다고 범죄비용이 커지는 것도 아닌 것 같은데 어떻게 범죄가 줄어들 수 있는가?

나는 이러한 환경 정화라는 작은 노력이 예상 범죄율에 영향을 준다고 생각한다. 깨끗해진, 질서있는 주거환경으로부터 잠재적 범죄자들은 이를 낮은 범죄율이 실현될 것이라는 하나의 신호로 받아들이면 범죄의 자기 실현성 즉 전략적 보완성으로 인하여 실제 범죄율은 낮아지게 될 것이다. 그러면 잠재적 범죄자들은 이런 환경에서 왜 범죄를 적게 저지르는 것이 합리적 선택인가? 이는 그들이 범죄를 저지를지 선택할 때에는 위에서 말한 대로 범죄의 이득과 범죄의 비용을 비교해서 결정하는데 범죄율에 대한 예상은 자신이 체포될 확률에 직접적으로 영향을 주기 때문이다. 범죄율이 낮으리라고 예상한다면 일반적으로 혼잡효과 때문에 체포되기 쉽다. 예컨대 한두 사람이 시위를 한다면 그는 아주 쉽게 눈에 띄고 체포될 가능성은 매우 높을 것이지만, 모든 사람이 불법시위에 동참한다면 한 사람이 잡힐 확률은 거의 0에 가깝다. 이를 혼잡효과라 한다. 또는 Katyal의 주장대로 사람들이 많이 거리로 나올 것이고 그만큼 범죄는 사람들에게 노출되기 쉽기 때문이라고 생각해도 된다. 좌우간 깨진 유리창 정책에 의해 사람들이 범죄율이 감소할 것이라 예상하기 시작한다면 그 예상 자체가 매우 효과적인 범죄억제수단이 되어 사람들은 범죄를 덜 저지르는 것이 그들의 합리적 선택이 되고 따라서 실제 범죄율도 낮아지게 될 것이다.

나는 이러한 다소 황당한 것으로 보이는 정책도 가만히 들여다보면 그 합리적 근거를 찾을 수 있다는 점에서 우리의 정책들도 하나둘씩 이러한 합리성 관점에서 검토해 보는 노력이 필요하다고 말하고 싶다.

참·고·문·헌

Jacobs, J., 1961, The Death and Life of Great American Cities, Random House: New York, NY

Katyal, N., 2002, Architecture as Crime Control, Yale Law Journal 111, 1039-1139

Wilson, J. and G. Kelling, 1982, The Police and Neighborhood Safety, The Atlantic Monthly 249, 29-38

의료사고와
입증책임

가수 신해철이 의료사고로 죽은 지 1년이 지났다. 이 사고는 신해철 개인에게나 그 가족 또 그를 사랑하는 많은 사람들에게 불행과 슬픔을 가져다주었지만 이를 계기로 신해철법 등 의료관련법의 개정을 위한 사회적 노력이 뒤따르고 있다는 것은 고무적이다.

그런데 이러한 소중한 경험을 통해 그것이 주는 교훈을 우리가 제대로 깨닫지 못한다면 그러한 경험은 헛된 것이 되고 말 것이며 문제는 계속 반복될 것이다. 과연 이번 사고가 우리에게 주는 교훈은 무엇인가?

사고에 대한 책임을 누가 지느냐 소위 책임부과원칙에는 무과실책임원칙(strict liability rule)과 과실책임원칙(negligence rule)이 있다. 무과실책임원칙이란 과실이 없어도 사고가 나면 무조건 가해자가 책임을 지는 것이고, 과실책임원칙은 과실이 있을 때에만 즉 법정주의 수준을 다 하지 않았을 때에만 가해자가 책임을 지는 것이다. 단순한 경우에는 두 가지 원칙이 모두 효율적이다. 특히 무과실책임원칙이란 사고로 인해 발생하는 외부성 즉 가해자 행위의 결과 타인(피해자)에게 발생시키는 피해를 본인인 가해자가 항상 부담해야 하기 때문에 사고의 피해는 가해자가 고스란히 받게 되고 따라서 외부성이 자연스레 내부화되기 때문에 가해자는 사고를 피하기 위해 적절한 주의를 기울이게 할 수 있다. 과실책임원칙은 법으로 적절한 주의를 다 하도록 강요하는 것이므로 당연히 법으로 정한 적절한 주의를 기울이게 된다.

그러면 의료사고의 경우는 어떠한가? 무과실책임원칙이 갖는 여러 가지 장점 특히 과실 유무를 판단할 필요가 없다는 명백한 장점에도 불구하고 당연히 과실책임원칙으로 가야 한다. 왜냐하면, 자동차와 같은 제조물의 결함으로 인한 사고의 경우에 적용되는 제조물 책임법처럼 무과실책임으로 가게 되면 어느 의사가 위험한 수술을 하려고 하겠는가?

그런데 현행법처럼 과실책임원칙을 택하게 되면 또 다른 문제가 남는다. 과연 과실 유무에 대한 입증 책임을 누구에게 주어야 할 것인가? 현행법상으로는 대개의 경우 뭔가를 주장하는 측, 즉 상대의 과실을 주장하고자 하는 환자 측에서 입증의 책임을 진다. 과연 누구에게 입증책임을 지우는 것이 사회적으로 효율적인지 생각해보자.

우선 환자는 의사의 과실을 입증하고자 하고, 의사는 자신의 무과실을 입증하고자 한다는 점을 기억하자. 이제 환자나 의사나 입증하는 데 드는 비용은 사고로 인한 피해보다는 훨씬 작다고 가정하자. 만약 환자에게 입증책임이 있다고 하자. 이때 의사는 적절한 주의를 기울이느냐 하는 것인데 환자의 입증비용 부담이 의사가 얼마나 조심할 것인지의 결정에 아무런 영향을 주지 못 하기 때문에 의사는 당연히 법정주의를 기울일 것이고 따라서 의사가 합리적이라면 과실을 범하지 않을 것이다. 반대로 의사에게 입증책임이 있다고 하자. 의사는 자신이 적절한 주의를 하지 않으면 과실이 있게 되어 무과실을 입증할 수 없지만 적절한 주의를 기울인다면 자신의 무과실을 입증할 수 있게 되고 이때 추가적으로 발생하는 입증비용이 사고로 인한 피해보다 훨씬 작기 때문에 당연히 적절한 주의를 기울인 후에 사고가 나더라도 자신의 무과실을 입증할 것이다.

이제 두 가지 경우를 비교해 보면 입증책임이 환자에게 있건 의사에게 있건 의사는 적절한 주의를 기울인다. 그러나 환자에게 입증책임이 있으면 환자는 의사의 과실을 입증할 수가 없고(왜냐하면, 의사는 실제로 과실이 없으므로) 의사에게 입증책임이 있으면 의사는 자신의 무과실을 실제로 입증해야 하므로 추가적인 비용이 발생한다. 따라서 사회적으로 볼 때에는 환자에게 입증책임을 주는 것이 입증비용을 절감할 수 있다는 점에서 효율적이다. 적어도 위에서 가정한 경우가 현실과 부합한다면 말이다.

그러나 위에서 가정한 상황은 중요한 현실을 놓치고 있다. 의료사고의 핵심은 정보의 비대칭성이다. 의사는 두 가지 면에서 환자보다 입증하기가 쉽다. 첫째, 의사는 전문가이기 때문이고 둘째 환자는 상대가 한 일(의사의 과실)을 입증해야 하지만 의사는 자기가 한 일(자신의 무과실)을 입증하면 되기 때문이다. 따라서 일반적으로 환자의 입증비용이 의사의 입증비용보다 훨씬 높다. 물론 환자의 입증비용이 상대적으로 훨씬 높더라도 여전히 의료사고로 인한 손실보다 절대적인 수준에서 낮다면 여전히 위의 논리는 유효하다. 그러나 환자가 의사의 과실을 입증하는 것이 거의 불가능한 경우에는 의사는 이러한 가능성 때문에 충분한 주의를 기울이지 않게 되고 따라서 이러한 의사의 과소주의를 막기 위해서는 의사로 하여금 입증책임을 지도록 할 수밖에 없다.

의료사고의 비대칭적 정보라는 측면은 과실추정원칙(Res ipsa loquitur)을 정당화한다. 이는 형법에서 범죄가 발생하더라도 일단 무죄추정을 원칙으로 하는 것과 반대로 의료사고의 경우는 사고가 발생하면 과실이 있는 것으로 추정하는 원칙이다. 물론 이 원칙이 적용되기 위해서는 전제조건이 충족되어야 한다. 누군가의 과실이 없었다면 발생할 수 없는 사고이고, 의료행위가 의사의 전적인 통제하에 있었으며,

환자는 아무런 영향을 끼칠 수 없는 상황에 있었다는 사실만 입증하면 된다. 이는 의사의 과실을 입증하는 것보다 훨씬 쉽다. 그런데 이러한 과실추정원칙을 적용하기 위해서는 과실의 기준이 좀 더 엄격하게 조정되어야 하고 따라서 의사들에게 지나친 주의를 요구하게 된다는 단점도 있다.

결론적으로 의사나 환자나 모두 합리적인 선택을 한다. 특히 의사의 선택은 자신의 입증책임뿐 아니라 환자의 입증책임까지 고려해서 주의수준을 결정한다. 비록 매 의료행위 때마다 일일이 의식적으로 계산해서 주의 여부를 결정하는 것은 아니더라도 어떠한 제도하에 그 주의수준은 타성화된다고 하는 것이 맞을지 모른다. 이러한 면에서 입증책임의 문제는 의사들의 주의수준에 직접적인 영향을 줄 수 있는 중요한 쟁점이므로 의료법 개정에 있어 반드시 신중하게 검토해야 한다고 말하고 싶다. 그러나 불행히도 18대 국회에서 심재철, 최영희 의원안과 경실련 안에는 모두 입증책임전환(환자입증에서 의사입증으로의 전환) 내용이 있었으나 막상 통과된 법안에는 이것이 빠지고 대신 대불 제도가 들어갔다. 대불제도는 지불방법의 문제로서 의사들로 하여금 적절한 주의를 할 유인을 제공하는 효율적인 제도마련과는 거리가 멀다. 안타깝지만 제도가 개선되기 위해서는 또 한 번의 대형 의료사고가 터져야 할 것 같다.

유죄협상제에 대한 오해

　유죄협상제는 영미법체계를 가진 국가들에서 많이 사용되고 있는 제도로서, 미국에서는 전체 형사사건의 95% 이상이, 영국에서는 약 90% 정도가 유죄협상에 의해 해결되고 있다. 이러한 수치는 협상당사자들인 원고와 피고가 공히 이러한 유죄협상제도에 의해 사건이 해결되기를 바란다는 의미로 해석될 수 있는바, 이처럼 소송당사자들이 모두 선호하는 효율적인 분쟁해결방식을 허용하지 않는다는 것은 적어도 효율성(efficiency)의 관점에서만 보면 바람직하지 않다고 말할 수 있다. 물론 우리나라처럼 유죄협상제를 인정하지 않는 많은 국가들의 반대 논리는 대개 효율성 외의 또 다른 중요한 사회적 가치 기준인 형평성(fairness)에 의거하고 있다. 즉 죄를 지은 사람은 그 죄에 합당한 벌을 받아야 한다는 것이다. 만약 A라는 사람은 10년형에 해당하는 죄를, B라는 사람은 5년형에 해당하는 죄를 지었다고 할 때, A라는 사람이 유죄협상을 하여 3년형만을 받는다면 이는 형평성에 어긋난다는 것이다. 나는 형평성이라는 기준으로만 보더라도 유죄협상제를 도입하는 것이 더 바람직할 수 있다고 생각한다. 예컨대 위의 예에서 두 사람이 명백히 10년형, 5년형에 해당하는 죄를 지었다면 유죄협상의 결과는 공평하지 못할지 모른다. 그러나 이들이 만약 실제로는 죄를 짓지 않았다고 한다면, 이들이 10년형, 5년형을 받는 것보다는 3년형을 받는 것이 보다 공평할 것이다. 이처럼 형평성에 의거한 유죄협상제 반대논리는 정보의 완전성(즉 피의자들이 명백히 유죄라는 가정)과 판결의 완전성(유죄인 피의자는 법정에서 반드시 유죄임이 입증된다.)이라는 지극히 비현실적인 가정하에서만 타당할 것이다. 그러나 현실적으로 법정은 type I error와 type II error라는 두 가지 유형의 실수를 범한다. 법정은 실제 무죄인 피고를 유죄로 판단하거나 실제 유죄인 피고를 무죄로 판단할 가능성이 있으며, 전자를 type I error, 후자를 type II error라고 부르도록 하겠다. 법원이 type I error를 범할 수 있는 가능성이 있는 경우에는 유죄협상제가 무죄인 피고를 감형해 주는 효과가 있다고 할 때 이 제도가 보다 높은 공평성을 보장한다고 할 수 있을 것이다. 이것이 내가 생각하는 유죄협상제에 대한 첫 번째 오해이다. 즉 불공평하다는 이유로 유죄협상제를 반대하는 것은 논리적 근거가 취약하다는 것이다.

이제 전략적으로 좀 더 흥미 있는 경우인 검사가 여러 명의 공범과 유죄 협상을 하는 경우를 고려해 보자. 논의를 간단히 하기 위해 공범은 두 사람이라고 가정하자. 검사가 이들에게 똑같이 죄를 인정하고 상대방의 유죄를 입증할 증인이 되어 준다면 형을 줄여주겠다고 약속을 한다. 그러면 두 공범자는 다음과 같은 "용의자의 딜레마"와 유사한 게임을 하게 된다. 만약 이들이 10년형에 해당하는 범죄를 저질렀고, 법정으로 갔을 때 유죄판결 가능성이 50%라 하자. 또한 검사가 이들 각자에게 유죄입증의 조건으로 6년형을 구형하겠다고 약속한다고 하자. 만약 이들 피고가 기대 형량을 극소화한다는 목표를 가지고 있다면, 이들 간의 게임은 다음과 같은 행렬로 나타낼 수 있다.

D1 \ D2	accept	reject
accept	6, 6	6, 10
reject	10, 6	5, 5

이 행렬의 각 숫자는 기대 형량을 나타내는 것으로서 그 값이 작을수록 피고에게 유리한 경우가 된다. 이 게임에서 각 피고는 상대방이 유죄협상을 받아들인다면 자신도 받아들일 것이고, 상대방이 유죄협상을 거절할 것임을 안다면 자신도 거절할 것이다. 즉 이 게임에서 상대방을 배신하는 유죄협상을 받아들이는 선택은 그 피고에게 우월전략(dominant strategy)이 아니라는 점에서 "용의자의 딜레마"와는 명백히 다른 게임이며, 이 게임의 균형은 두 피고가 모두 유죄협상을 받아들이는 것과 모두 거절하는 것, 두 가지 균형이 존재하게 되며 어

떠한 균형이 실제로 실현될 것인가는 서로가 상대방이 유죄협상을 받아들일 것인가에 대한 믿음에 따라 달라지게 된다. 물론 이러한 게임의 속성은 유죄협상 형량의 크기에 따라 달라질 수 있는 것은 사실이다. 따라서 수학적 기호를 사용하여 좀 더 일반적인 경우를 고려한다면, 두 피고의 합당한 형량을 s라 하고, 유죄협상 형량을 b, 유죄판결 가능성을 q라고 할 때, 위 행렬은 다음과 같이 나타낼 수 있다.

D1 D2	accept	reject
accept	b, b	b, s
reject	s, b	qs, qs

여기서 세 가지 경우를 생각할 수 있다. 먼저 $qs < b < s$인 한, 위의 논리는 그대로 성립하여 두 개의 균형이 존재하게 된다. 이제 감형된 형량이 여전히 커서 $b > s$이면, 피고에게 유죄협상을 거절함이 우월전략이 되고, 따라서 모두 거절하고 법정에 서게 되는 것이 균형이다. 마지막으로, 감형된 형량이 매우 작아서 $b < qs$이면, 모두에게 유죄협상을 받아들이는 것이 우월전략이 된다. 이는 마치 용의자의 딜레마 게임과 동일한 것으로 보이지만 실제로는 용의자의 딜레마 게임이 아니다. 왜냐하면, 이 경우 유죄협상을 받아들이는 균형은 모두가 이를 거절하는 경우보다 이들 두 피고에게 모두 좋기 때문이다. 용의자의 딜레마 게임에서는 상대를 배신하고 밀고하는 경우가 모두에게 나쁘기 때문에 위 게임은 용의자의 딜레마가 아님을 쉽게 알 수 있다. 다시 말해 이 게임

에서는 개인에게 유리한 전략과 이들 집단에게 유리한 전략 간에 딜레마가 없다. 밀고하는 것이 개인에게나 이들 모두에게나 좋은 것이다. 이것이 유죄협상에 대한 두 번째 오해이다. 즉 유죄협상 과정은 유죄협상 형량과 무관하게 용의자의 딜레마 게임이 아니다. 위 세 가지 경우 중 b가 작은 마지막 경우가 가장 용의자의 딜레마와 유사한 상황이지만, 검사는 이처럼 모두가 받아들이기를 원하는 낮은 형량을 구형할 리 없기 때문에, 유죄협상제는 용의자의 딜레마와는 무관하다는 것이다. 위에서 의미 있는 경우는 두 개의 균형이 존재하는 첫 번째 경우뿐이다.

이제 이처럼 의미 있는 유죄협상 형량의 경우에 집중하여, 유죄협상 방식에 대해 생각해 보자. 유죄협상 방식은 개념상 두 피고를 서로 격리시킨 채 은밀한 협상을 하는 경우와 공개적인 협상을 하는 경우, 두 가지로 나누어 볼 수 있을 것이다. 전자의 경우는 각 피고가 자신에게 제안한 형량만 알 수 있는 경우이고, 후자의 경우는 서로 자신에게 제안한 형량과 상대방에게 제안한 형량을 모두 알 수 있는 경우이다. 많은 사람들은 검사 입장에서는 공개적 협상보다 은밀한 협상을 선호할 것이라고 믿고 있지만, 실제로는 그렇지 않다는 것을 알 수 있다. 이것이 유죄협상제에 대한 세 번째 오해이다. 이는 다소 복잡한 게임 이론적 추론에 의해 입증할 수 있으나, 직관적으로 말하면 다음과 같다. 통상적인 인식은 은밀한 협상의 경우 검사는 서로 다른 피고에게 상대가 이미 자백하고 유죄입증할 것이라고 거짓으로 믿게 하여 서로 유죄입증을 하도록 유도하기 쉬울 것이라는 것인데, 은밀한 협상의 경우에도 합리적인 피고들은 이처럼 기만되지 않는다. 결론적으로 공개적 협상에서 얻을 수 있었던 것보다 더 높은 형량은 은밀한 협상에서도 얻어질 수 없다.

　최근 조직범죄나 뇌물수수와 같이 공범이 있는 범죄의 경우 유죄협상제를 도입해야 한다는 주장이 다시 거론되고 있다. 이러한 주장에 대한 논리적 근거는 유죄협상제를 도입하면 범죄를 저질렀을 경우 용의자의 딜레마와 유사한 논리에 의하여 공범에 의해 범죄사실이 보다 쉽게 입증될 수 있기 때문에 범죄의 유인이 감소하리라는 것이다. 예컨대, 뇌물을 주고받은 경우 뇌물을 준 당사자가 이러한 사실을 고백하고 자신은 약한 처벌만 받고 뇌물을 받은 자에게 부담을 전가시킬 수 있으므로, 애초에 뇌물을 받을 인센티브가 약해질 것이라는 것이다. 이것이 내가 생각하는 유죄협상제에 대한 네 번째 오해이다. 이러한 주장에는 몇 가지 맹점이 있다. 우선 위에서 말한 대로, 유죄협상제 도입 상황은 용의자의 딜레마게임과는 다르다. 이들이 서로 유죄입증을 하고자 하는 균형뿐 아니라 서로 상대에 대한 믿음이 강하면 이를 거절하고자 하는 균형도 있다. 이들 두 가지 균형을 모두 고려해야 정확한 정책효과를 말할 수 있다. 또한, 이처럼 유죄협상에 의하여 유죄입증을 한 자가 합당한 형을 받지 않고 약한 처벌을 받는다면 이들에 의한 범죄의 유인은 더 높아질 수도 있다. 결국, 유죄협상제 도입에 의해 범죄가 감소할 것인가, 증가할 것인가는 유죄협상제하에서 통상적으로 검사가 제안하는 처벌의 정도에 따라, 또 공범의 유형에 따라 민감하게 달라질 수 있는 사안이므로 법 제정 이전에 이에 대한 엄밀한 분석이 선행되어야 할 것이다. 물론 합리적으로 처벌한다면 유죄협상제로 범죄 억제 효과가 낮아지는 일은 없다. 그러나 너무 낮은 형량을 약속한다면 오히려 범죄가 증가할 수도 있다.(이는 2010년 위공법경제학상 수상 기념 강연으로 법경제학연구 2010년 6월호에 게재된 글을 수정, 요약한 것임)

잠재적 범죄자

　최근 한국사람들이 특정집단을 "잠재적 범죄자"로 본다는 보도도 있었지만 "잠재적 범죄자"란 매우 부정적 의미를 내포한 특정 부류의 사람을 지칭하는 데 사용되는 듯하다. 누가 "나를 잠재적 범죄자 취급 하느냐"라고 하면 미안하다고 꼬리를 내린다. 마치 "내가 범죄자로 보이느냐?" 라는 말을 들은 것처럼 미안해한다. 또 다른 예가 있다. 어떤 교수는 학생들 시험감독을 하지 않는 이유에 대해 학생들을 잠재적 범죄자로 만들지 않기 때문이라고 한다. 잠재적 범죄자는 만들어 지는 것이 아니라, 우리 모두가 잠재적 범죄자이다. "범죄자"와 "잠재적 범죄자"는 구별해야 한다. "범죄자"는 만들어 지지만, "잠재적 범죄자"는 그렇지 않다.

몇 년 전에 "촌지수수 신고포상제"를 법(조례)으로 만들려다 "대부분의 교사를 잠재적 범죄자 취급하는 발상은 어불성설이다"라며 반대하는 글들을 보았는데, 나는 이를 어불성설이라고 보는 발상이 어불성설인 것 같다. Gary Becker의 합리적 선택이론에 따르면 모든 사람이 잠재적 범죄자이고, 나 또한 이러한 견해에 공감한다. 세상에 범죄자로 태어난 사람이 따로 있는가? 모든 사람이 그럴 수 있다는 가능성을 인정하는 것이 인간적이지 않은가? 만약 범죄를 저지를 수 있는 사람은 따로 있어서 나는 아니다라고 생각한다면 이는 독선이고, 그 사람들은 아니다라고 말한다면 이는 위선이라고 생각한다. 우리 인간은 모두가 불완전하므로 누구나 잠재적으로 크건 작건 중범죄건 가벼운 위반이건 (예컨대 주차위반, 속도위반) 할 수 있다는 현실을 인정하고 "잠재적 범죄자"라는 위선적이고 독선적인 표현으로 여론을 호도하는 일이 없으면 한다. 솔직히 나는 촌지 문제가 심각한 우리나라에서 "촌지수수 신고포상제"에 대해 찬성한다. 법집행비용을 크게 줄이고 정책효과를 크게 높일 수 있다.

최근 신해철법에 대한 논의과정에서도 진료실, 수술실 CCTV 설치 의무화에 대해 대한의사협회 모 부회장이 "CCTV는 의사를 잠재적 범죄자로 생각하는 발상"이라며 반대의견을 피력했다. 나는 이분에게 말하고 싶다. 같은 논리라면 백화점 CCTV는 고객을 모두 잠재적 범죄자로 생각한다는 뜻인데 이에 대해서는 한 마디 항의도 하지 않는 사람이 의사만 그렇게 특별한가? 이제 그런 독선적 의식은 버리기 바란다.

신공유지의 비극

 영국의 한 마을에는 누구나 양을 끌고 와서 먹일 수 있는 무성한 공유지 목초지가 있었다. 목초지는 양의 수를 제한해야 했다. 한꺼번에 너무 많은 풀을 먹였다가 황폐화될 수 있기 때문이다. 하지만 여러 가지 조치들이 모두 별 성과가 없었고 결국 모든 농부들은 목초지가 망가지기 전에 자기 양 떼를 먹이려 했고 양들이 모여들어 목초지는 끝내 황폐화되고 말았다.

 이는 유명한 게럿 하딘의 공유지의 비극이다. 여기서는 무엇이 문제인가? 마을 사람들이 공동책임의식을 갖지 못하고 무책임하게 사리사욕만을 추구하고자 했기 때문인가? 이렇게 생각하고 모두가 이기심을 버리고 공동운명체라는 책임의식을 가져야 한다고 주장한다면 이러한 구호 역시 아무 성과를 얻지 못했을 것이다. 왜냐하면, 인간은 기본적으로 자신의 이익을 추구하는 합리적인 존재인데 공동체를 위해 희생하라는 요구를 받아들이겠는가? 합리적인 존재에게 비합리적인 요구를 할 수는 없다. 여기서 문제는 오히려 이기적인 자들에게 공동책임의식을 기대했다는 데 문제가 있다. 즉 공동소유권을 허용했기 때문에 발생한 제도의 문제이다.

교과서가 제시하는 해결책은 간단하다. 배타적인 재산권제도를 도입하면 되는 것이다. 배타적인 재산권제도라면 두 가지 방법이 있다. 국가의 소유로 하는 국유화 또는 한 개인의 소유로 하는 사유화이다. 물론 국유화나 사유화에 따른 비용도 무시할 수 없다. 따라서 결론은 이러한 국유화나 사유화 비용이 국유화, 사유화 이득보다 크지 않다면 국유화 또는 사유화를 하고 반대의 경우에는 공유상태로 두는 수밖에 없다는 것이다.

사유화의 이득은 무엇인가? 사유화를 하면 이 땅의 황폐화 등 이 땅과 관련한 모든 비용을 내가 부담해야 하므로 나는 이 땅을 가장 효율적으로 이용하려 할 것이다. 이제 국유화의 이득은 무엇인가? 국가에서는 이 땅을 사용하는 자들에게 세금을 징수하거나 적정 수 이상의 양 떼를 풀지 못하도록 통제를 함으로써 효율성을 유지할 수 있을 것이다.

과연 현실이 그렇게 간단할까? 세금징수와 같은 가격 규제나 상한을 정하는 수량규제나 현실적으로 어렵기는 마찬가지이다. 그러나 일반적으로 국민들은 쓰지 말라고 하면 참을 수 있지만, 돈을 더 내라고 하면 무조건 싫어하는 조세저항이 더 심하므로 수량통제가 보다 많이 사용되는 방식이다. 그렇다 하더라도 그렇게 간단히 정부가 원하는 수의 양들만 이 땅에서 풀을 뜯어 먹을 수 있게 할 수 있을까? 이 질문에 대한 답은 정부규제의 집행성이 얼마나 완전한가에 달려있다. 예를 들어 양을 50마리로 제한한다고 규제하더라도 이보다 많은 양을 끌고 나왔을 때 이를 단속할 수 있는 능력, 양을 이 목초지에 못 들어가게 하는 정부의 법집행능력이 완전하지 않다면 이러한 수량규제 역시 성과를 거두기 힘들다는 것이다.

비근한 예로 교통체증문제의 해소를 위해 정부에서 10부제를 시행하는 경우를 생각해 보면 쉽게 이해할 수 있을 것이다. 도로의 교통혼잡이나 교내 주차문제 등은 공유지의 비극의 전형적인 경우이다. 도로는 공유지이므로 너나 할 것 없이 차량을 가지고 나오고, 이때 내가 차를 가지고 나옴에 따라 교통혼잡을 악화시켜 다른 사람들에게 주는 피해는 고려하지 않는다. 출퇴근 시간에 서울 시내에 최적의 교통량을 계산할 수는 있을 것이다. 그러나 실제 운행되는 차량수는 이러한 사회의 최적보다 훨씬 많을 것임은 누구도 부정 못 한다. 예를 들어 사회적인 최적이 50만대라고 하자. 그러나 실제로 다니는 차량은 60만대라고 하자. 그러면 수량을 50만대로 규제하기 위해 현행 60만대 중 10만대는 못 다니게 해야 한다. 이를 위해서 차량 6부제를 실시하면 된다. 모든 차량이 일요일을 제외한 6일 중 하루는 못 나오도록 하면 된다. 물론 이는 이론적인 해결책일 뿐이다. 만약 이를 어기고 차를 가지고 나오면 어떻게 되는가? 이들 6부제 위반 차량이 모두 단속되는 것은 아니다. 아마 상당히 높은 확률로 적발되지 않고 무사히 하루를 보낼 수 있을 것이다. 법집행확률은 100%는 커녕 50%도 안 될 것이다. 이렇게 위반하는 차량이 많을수록 교통체증문제는 더 나아지지 않을 것이고 그러면 정부는 수량규제를 더 해야 한다고 판단하여 50만대가 아닌 40만대 수준으로 규제해야 한다고 생각할 수 있다. 그러면 차량은 더 많아지게 되고 혼잡은 심해진다. 왜 그런가? 이처럼 수량제한이 더 엄격해 지면 더 많은 차량이 위반 차량이 되고 그러면 정부가 단속해야 할 차량이 더 늘어난다. 이렇게 되면 법집행확률은 더 떨어지게 된다. 왜냐하면 동시에 더 많은 위반 차량을 단속하는 것이 더 어려워졌기 때문이다. 예를 들어 서울시민 모두가 광화문광장 앞에서 불법시위를 하면 내가 잡힐 확률은 거의 없지만 나 혼자 불법시위를 한다면 거의 확실하게 잡힐 것이다. 그만큼 위반 차량이 많아지면 정부의 법집행능력이 더 떨어지기 때문에 사람들은 더 안심하고 차량규제를 위반하고 결국 교통체증은 더 심하게 될 것이다. 나는 이를 규제의 역설이라고 부르고자 한다. 즉 지나친 규제는 오히려 공유지의 비극 현상을 더 악화시킨다. 이처럼 규제 당국은 법 집행이 불완전하다는 현실을 충분히 인지하여 규제정책을 시행해야 할 것이다.

사실은 수량통제도 구체적으로는 CAC(command and control) 규제방식과 CAT(cap and trade) 규제방식이 있다. 전자는 그냥 수량통제이고 후자는 tradable permit과 같이 driving permit을 받고 불필요하면 permit을 거래할 수 있는 제도이다.(탄소배출권 거래제도와 같은 이치이다) 우리나라에서 교통체증이나 주차문제 해소를 위해 CAT 규제방식을 도입한다면 어떨까? 몇 군데 악명높은 정체구간(경부고속도로 진입로, 강변도로 등등)에 대해 2011년경 toll gate를 설치하여 통행료를 받으려고 했던 적이 있다. 이처럼 정체를 유발시킬 수 있는 toll gate를 설치하는 대신 tradable permit을 실시하면 어떨까 하는 생각을 해 본다.

표시광고법은 소비자 보호를 위해 필요한가 또한 충분한가

> 어떤 절전용 카브레터의 광고가 다음과 같은 문구로 끝을 맺는다. "만약 만족스럽지 않으면 돈은 돌려드립니다.(If not satisfactory, money will be returned)" 소비자들이 제품성능에 불만을 품고 환불을 요구하자, 회사측이 말하기를, "지금까지 우리가 받은 돈 중에 만족스럽지 않은 것은 없었습니다."
>
> — 1988년 4월 2일자 San Fransisco Chronicle —

1999년 2월 5일 정부는 야심적으로 '표시, 광고의 공정화에 관한 법률(약칭 표시광고법)'을 제정, 공포하고, 같은 해 7월 1일부터 이를 시행해 오고 있다. 표시광고법의 주된 내용은 허위, 과장, 기만, 부당비교 등 부당한 표시, 광고행위를 금지하고, 소비자에게 필요한 중요한 정보가 은폐되지 않도록 하는 것이다.

이러한 표시광고법을 제정하게 된 배경은 시장구조가 점차 공급자로부터 수요자 중심으로 전환되어감에 따라 소비자는 보다 많은 상품정보를 필요로 하고 있으나, 이러한 상품정보를 사업자들이 독점하고 있으므로, 이들에 의한 정보의 왜곡, 기만 등으로 인하여 소비자 피해가 속출할 수 있고, 공정한 사업자 간 경쟁을 기대하기 어려움에도 불구하고, 공정거래법 등 기존의 표시, 광고 법령은 소비자에게 필요한 정보제공 기능이나 부당표시광고에 대한 제재기능이 미약하여, 이러한 시장의 여건 변화에 따른 보다 강력한 소비자 보호장치가 요구되었기 때문이라고 볼 수 있다.

이는 소비자들에게 알 권리를 충족시켜 주고, 불안해 보였던 시장질서의 안정화를 가져다준다는 점에서 많은 소비자들에게 환영을 받았다. 그러나 과연 소비자보호를 위해 우리는 이러한 강력한 법률을 반드시 필요로 하는가? 만약 이러한 법률적 장치 외에도 보다 손쉬운 방법으로 동일한 목적을 달성할 수 있다면 표시광고법의 의의는 퇴색될 것이다. 뿐만 아니라, 이러한 표시광고법의 시행으로 소비자 후생이 항상 증대된다고 할 수 있는가, 더 나아가 국가 전체의 사회 후생(소비자 후생과 기업이윤들의 총합)이 항상 증대된다고 할 수 있는가 등의 문제는 그다지 간단히 답할 수 있는 성질의 것이 아니고, 이 법의 파급효과를 면밀히 분석, 검토해 본 연후에야 확답이 가능할 것이다. 간단히 말해서, 기업에게 정보공개를 의무화한 결과 기업이 추가적으로 짊어지게 될 부담을 모두 소비자에게 전가시킨다면(예컨대, 가격을 높이는 등의 방법으로) 이러한 정보공개의 의무화가 사회적으로 바람직하지 않을 수도 있고, 더욱이 소비자에게도 악영향을 줄 수가 있는 것이다. 따라서 정보공개의 의무화에 대한 올바른 이해와 평가는 이 법의 시행 결과 영향을 받게 될 기업 간 가격경쟁의 측면을 함께 고려할 때에만 비로소 가능할 것이다.

또한, 정보공개의 사회 후생에의 효과는 정보공개방법에 따라 달라질 수 있다. 자사상품의 품질에 관한 정보를 소비자들에게 알리는 방법에는 크게 두 가지가 있다. 첫째는 제품에 이를 표시하거나 광고하는 방법으로서 소비자들에게 말 또는 글로써 믿을만한 정보를 전달하는 것이다. 표시광고법에서 암묵적으로 가정하고 있는 것은 바로 이러한 정보공개방법이다. 이 방법은 그 자체만으로는 신뢰할 수 있는 정보 공개수단이 되지는 못하나, 소비자의 요구 시 이 정보가 실증될 수 있도록 규정하고, 사실이 아닌 것으로 판명되는 경우 각종 제재가 가능하도록 한 표시광고법의 다른 규정에 의해 비교적 참 정보만을 전달하는 것이 가능하게 된다. 두 번째 방법은 소비자로 하여금 직접 상품소비를 경험할 기회를 주는 것이다. 예컨대 화장품 견본을 나눠준다거나, 영화의 예고편을 상영한다거나 각종 소프트웨어의 데모 버전 공개, 서점에서 고객들이 사고자 하는 책들을 훑어 볼 수 있도록 허락한다거나 회사에서 좋은 사원들을 채용하기 위하여 유능한 지원자들에게 직접 회사 견학을 시켜준다거나 하는 것들이 그것이다. 이 경우도 물론 자기 제품의 가장 좋은 부분만을 골라서 집중적으로 보여줌으로써 상방 표본편향(upward sample bias)을 유발시킬 가능성이 없는 것은 아니나, 전자의 방법에 비해서는 훨씬 더 제품의 품질 또는 특성에 대한 정확한 정보를 줄 수 있다는 점에서 이점이 있다 하겠다. 다만 많은 경우에 전자의 방법에 비하여 정보전달비용이 높다는 것이 단점이라 할 수 있다.

이처럼 소비자가 구매행위에 필요한 정보를 손쉽게 얻는 것이 중요하고 바람직하다는 데에 정부가 인식을 같이한다면, 정부는 모든 가능한 정보전달방식에 대해 나름대로 견해와 평가를 견지하고, 또한 정책도 이에 상응하는 방향으로 추진되어야 함에도 불구하고, 표시광고법은 전자의 방법에만 국한된 것이고, 후자의 방법과 관련한 어떠한 의견이나 입법노력도 부재한 것으로 보여 다소 실망스럽다.

여기서는 주로 표시광고법에 의해 중요한 정보공개를 의무화하는 것이 필요하며 또한 사회 후생적 관점에서 바람직한가 하는 점과 둘째, 과연 표시광고법만으로 충분한가 즉 표시광고법만으로 소비자가 필요로 하는 정보가 충분히 공개되는가? 또한, 두 번째 정보공개방식에 따른 정보공개 의무화에 대해서 현행법은 함구하고 있는데 이는 기업에 위임하는 것이 바람직한가 또는 정부가 개입하는 것이 바람직한가, 즉 기업에 맡겨 두어도 사회적 적정수준의 정보가 공개되는가, 또는 그렇지 않으므로 정부가 정보공개를 의무화 또는 금지하는 방식으로 규제가 이루어져야 하는가라는 문제에 대해 이야기하겠다.

만약 표시광고법과 같은 정보공개법이 없다고 하면, 어떤 기업도 자발적으로는 정보를 공개하지 않을까? 그렇지 않다. 이것이 유명한 실타래 풀림 정리의 내용으로서 다음과 같은 예를 생각해 보자.

사과가 들어있는 상자가 밀봉되어 있다. 상자 안에는 사과가 100개

들어있다. 상인은 이를 알지만, 고객은 상자 안에 들어있는 사과의 수를 알지 못하고 이를 사서 상자를 뜯어본 연후에야 이를 확인할 수 있다. 만약 상인이 상자 안의 사과의 개수에 대해 거짓말을 한다면 고객은 차후에 상인을 제소하여 적절한 피해보상을 받을 수 있다고 하자. 물론 상인이 거짓말을 한 것이 아니라, 사과의 수에 대해 일절 언급을 하지 않았을 경우에는 이 상인을 제재할 수는 없다. 과연 상인은 상자 안의 사과의 수에 대해서 어떤 말을 하겠는가? 진실을 말할 것인가, 거짓으로 과장할 것인가 또는 아무 말도 하지 않겠는가?

먼저 100개의 사과가 든 경우부터 생각해 보자. 이 경우 상인은 100개가 들었다고 말할 것이다. 곧바로 이 말의 진위는 드러나기 때문에 고객들은 안심하고 이 말을 믿고 100개에 해당하는 가격을 지불할 것이다. 따라서 상인이 몇 개가 들었는지 말하지 않는다면 사과는 100개가 들어 있을 리는 없을 것이고, 이 경우 상인은 100개에 해당하는 가격은 받을 수 없을 것이다.

이제 상자 안에 99개가 들어 있는 경우를 생각해 보자. 이 경우는 상인이 함구하는 것이 유리할까? 그것은 이처럼 아무 말도 하지 않았을 때 고객이 100개가 들어 있다고 믿어준다면 가능할 것이나, 고객은 그렇게 믿어줄 리가 없다. 왜냐하면, 100개가 들어있다면 상인이 그렇다고 말했을 테니까. 따라서 99개가 들어있는 상자를 파는 상인도 사과의 수에 대해 함구하기보다는 99개가 들어 있다고 말하는 편이 나을 것이고 99개에 해당하는 가격으로 거래가 이루어질 것이다. 98개가 들어있는 경우도 마찬가지이다. 함구함으로써 고객이 0에서 98개 사이의 사과가 있을 것이라고 믿게 하기보다는, 98개가 들어있다고 떳떳하게 말하는 편이 더 높은 가격을 받을 수 있다. 97개, 96개 ... 인 경우도 마찬가지이고, 결국 상인은 상자 안에 몇 개의 사과가 있든 간에 정직하게 사과의 개수를 말하지 않을 수 없게 되고, 따라서 모든 정보는 법으로 강제하지 않아도 자발적으로 공개된다.

위에서 본 바와 같이 실타래 풀림 정리가 옳다면 소비자에게 중요한 정보의 공개를 의무화하는 표시광고법의 정보공개제도(disclosure law)는 불필요하다. 정보공개제도의 유무와 무관하게 항상 중요한 정보는 자발적이건 비자발적이건 공개되기 마련이기 때문이다. 그러나 이러한 결론을 내리기에는 현실이 그다지 단순하지 않다. 현실적으로는 여러 가지 이유로 실타래 풀림 정리가 성립하지 않고(실제로는 성립하지 않는 경우가 대부분일 것이다.) 기업들은 자발적으로는 정보를 공개하지 않는 경우가 비일비재하다. 여러 가지 이유가 있을 수 있지만, 한 가지는 기업이 정보를 가지고 있지 않을 수도 있다는 가능성을 고려한다면 상인의 함구는 사과가 적다는 사실이 아닌 정보 부재를 의미할 수도 있으므로 이러한 가능성에 편승하여 상인은 정보를 공개하지 않는 것이 유리할 수도 있다. 또는 정보공개에 비용이 든다면, 아주 불리한 정보를 가진 상인은 이를 공개하기보다 공개하지 않는 것이 나을 수 있다. 따라서 일반적으로 자기 제품의 품질에 자신이 있는 기업만이 정보를 공개하기 마련이다. 이러한 현실에서는 표시광고법이 기업의 보다 많은 정보공개를 유도할 수 있다는 점에서 바람직하다고 하겠다.

그런데 이러한 표시광고법에 대한 적절한 평가를 내리기 위해, 정보 공개의 유인 외에 고려해야 할 또 한 가지 중요한 사항은 바로 그 정보를 획득하고자 하는 유인이다. 어떤 물건을 파는 기업이라 해서 그 제품이 소비자를 만족시켜 주는 정도에 대해 완전히 안다고는 할 수 없을 것이다. 많은 경우 자기 제품의 소비자만족도를 알기 위해서 기업은(사후적으로는) 많은 비용을 들여 시장조사를 하거나,(사전적 으로는) 역시 비용을 들여 적절한 성능 테스트를 하는 것이다.

그러면 이러한 정보공개의 의무화는 기업으로 하여금 자사제품의 품질을 알고자 적절한 노력을 기울일 유인을 제공하겠는가? 이에 대해서는 그렇지 않다는 견해가 지배적이다. 즉 기업이 자기가 아는 정보는 반드시 공개해야만 한다면 오히려 정보를 모르는 것이 나을 수가 있다는 것이다. 다시 말해 정보공개를 의무화하면, 정보를 자발적으로 공개하도록 기업에 자유재량권을 주는 경우에 비해 기업이 정보를 얻으려는 노력을 하지 않게 되고, 그 결과 기업에 의해 공개되는 정보의 양은 오히려 감소한다는 것이다. 따라서 충분한 양의 상품정보가 소비자에게 전달되기를 원한다면 중요한 정보의 공개를 의무화 하는 것 외에 적절한 성능테스트까지도 의무화해야 할 것이다.

이제 정보공개법이 소비자 후생이나 사회 후생에 미치는 효과를 이야기하기 위해 기업의 가격 결정 과정을 고려한 기업의 자발적 정보공개 유인을 생각해 보자.

그런데 여기서 흥미 있는 것은 기업의 정보공개유인은 자기 제품의 품질에 대한 정보를 알기 전과 알게 된 후가 다를 수 있다는 것이다.

예컨대, 어떤 화장품에 대한 소비자 만족도 v는 100,000원에서 300,000원 사이의 값이지만 정확한 만족도 수준은 기업도 소비자도 모르고 있다고 하자. 물론 기업은 이 화장품을 소비자들에게 팔기 전에 소비자보다 먼저 소비자만족도 수준에 대한 비교적 정확한 값을 알 수 있는 기회가 있을 것이다. 기업은 자발적인 정보공개와 관련하여 다음 세 가지 중 하나의 선택을 할 수가 있다. 첫째는 사전에(v 값을 알기 이전에) v 값의 크기와 상관없이 무조건 자기가 얻게 될 정보를 공개하겠다고 소비자들에게 약속하는 방법이다. 둘째는 v의 크기와 관계없이 정보를 공개하지 않겠다고 사전에 약속하는 방법이다. 마지막으로, 사전에는 약속하지 않고 사후적으로(v 값을 알게 되면) 소비자만족도의 크기에 따라 정보공개 여부를 결정하는 방법이다.

사전에 정보를 공개하기로 약속하면 나중에 소비자만족도 수준 v를 알게 되었을 때 이를 공개한 후 이에 상응하는 가격 즉 v만큼의 가격을 받을 수 있다. 그 이상의 가격에서는 소비자들이 아무도 사지 않을 것이고 그보다 낮은 가격을 부를 바에야 v의 가격에 파는 것이 유리하기 때문이다. 결국, 정보공개를 약속함으로써 기업이 예상할 수 있는 기대이윤은 v의 평균인 200,000원에서 정보공개비용, 예컨대 10,000원을 뺀 것이 된다. 만약 정보를 공개하지 않기로 약속하면 소비자는 물건을 구입할 때 이 제품의 정확한 품질을 알 수 없기 때문에 시장의 평균 수준으로 그 품질을 예상할 것이고 따라서 평균 소비자만족도 수준인 200,000원 이상의 가격에는 구입하지 않을 것이다. 따라서 기업은 200,000원에 가격을 정할 것이고 따라서 이때 기업이 예상할 수 있는 기대이윤은 바로 200,000원이 된다. 따라서 이 두 가지 선택만을 비교하면 기업은 당연히 사전적으로는 정보를 공개하겠다고 약속하기보다는 정보를 공개하지 않겠다고 약속함으로써 더 높은 이윤을 누릴 수 있다. 이는 직관적으로 당연한 결과로서 기업이 정보를 공개해 봐야 기대수입은 증가하지 않으면서 정보공개비용만 추가로 지출해야 하기 때문이다.

이제 이 기업의 사후적인 정보공개 유인을 보자. 일단 기업이 v에 대한 정보를 알게 되면, 다시 한 번 이를 공개하는 것이 좋을지를 고민하게 된다. v를 공개하게 되면 v라는 가격만큼의 수입이 생기는 대신 정보공개비용 10,000원을 부담해야 하고, 정보를 공개하지 않으면 소비자는 품질이 낮아서 공개하지 않는 것이라고 생각할 것이므로 v보다 더 낮은 가격에만 팔 수 있을 것이다. 결국, v가 아주 큰 경우는 전자가 유리할 것이고 v가 아주 작다면 후자가 유리할 것이고, 따라서 기업은 v가 일정한 값 이상인 경우에만 정보를 공개할 것이다. 그러므로 이 경우 기업이 예상할 수 있는 이윤은 역시 평균적으로 200,000원에서 정보공개비용을 뺀 것인데 이때는 항상 정보를 공개하는 것이 아니라 v값이 클 때에만 정보를 공개하므로 사전에 정보를 공개하지 않기로 약속하는 경우보다는 이윤이 평균적으로 낮고 사전에 정보를 공개하기로 약속한 경우보다는 이윤이 높게 된다.

이상으로부터 우리는 어떤 말을 할 수 있을까? 기업은 사전적으로 정보를 공개하지 않겠다고 약속하는 것이 가장 좋다. 그러나 소비자 만족도에 대한 새로운 정보가 들어오면 때에 따라 기업은 이 약속을 깨뜨릴 유혹을 느낀다. 왜냐하면, v가 아주 높다는 것을 알게 되면 기업은 이 사실을 소비자들에게 알림으로써 더 높은 이윤을 얻고자 할 것이기 때문이다. 그러나 이처럼 기업이 애초의 소비자와의 약속을 깨뜨리고 사후적으로 정보를 공개할 가능성이 있다면, v가 큰 경우에는 좋지만 v가 낮은 경우에는 정보를 공개하지 않으려 할 것이고 이는 소비자들에게 매우 나쁜 소식으로 받아들여질 것이므로 애초에 정보공개를 하지 않기로 약속한 경우보다 훨씬 낮은 가격을 받을 수밖에 없고 따라서 이러한 기회주의적 행위의 가능성은 기업의 이윤을 오히려 감소시키게 된다.

여기서 우리가 한 가지 내릴 수 있는 결론은 기업이 이러한 이율배반적이고 기회주의적인 행동에의 유혹을 스스로 떨쳐버리기는 쉽지 않으므로 기업 스스로가 그런 행동을 하지 못하도록 자신에게 재갈을 물리는 방법을 생각할 수 있다. 그것이 무엇인가? 바로 기업이 소비자 만족도 수준에 대한 정보를 갖지 않으면 되는 것이다. 즉 기업은 제품 성능 테스트를 하지 않음으로써 제품품질을 알게 되었을 때 스스로를 배신할 가능성을 원천적으로 봉쇄할 수가 있는 것이다.

이로부터 말할 수 있는 것은 정보를 공개하는 비용을 감안할 때, 정보공개를 의무화하지 않으면 기업은 정보를 공개하지 않기 위해 정보취득노력도 기울이지 않을 것이고 결국 소비자는 아무런 중요한 정보도 얻지 못하게 될 것이다. 이러한 상태는 사회적으로 바람직하지 않다고 말할 수 있는가? 반드시 그렇다고 할 수는 없다. 적어도 위에서 설명한 단순한 경우에는 정보공개와 무관하게 가격의 적절한 조정기능에 의해 소비자 후생은 평균적으로 동일해 지게 된다. 물론 정보가 사회적 가치를 갖는 일반적인 경우에는 사회적 후생이 크게 감소한다고 말할 수 있을 것이다.

마지막으로, 앞에서 잠시 언급한 정보공개의 두 가지 방식에 대해 생각해 보자. 두 가지 방법 모두 일단 기업이 정보를 공개하면 자의적이건 타의적이건 진실된 정보가 전달된다는 점에서는 본질적인 차이가 없다. 다만 본인이 생각하기에 이들 간의 중요한 차이는 정보공개비용의 크기에 있다고 본다. 후자의 경우 정보공개비용이 상대적으로 높다고 할 수 있기 때문에 그만큼 정보공개를 의무화하는 경우 사회적 비용이 가중될 것이다. 정부에서 이 부분에 대해 함구하고 있는 것도 이러한 이유가 아닐까 한다.

위에서 본 바와 같이 상품정보공개를 의무화하는 것이 소비자에게 (더 나아가 사회적으로) 바람직한가에 대해서는 정보공개의 방법, 시장구조, 기업 간 경쟁의 형태, 정보공개의 비용, 정보수집유인 등 수없이 많은 요인들에 의해 긍정적 또는 부정적일 수 있을 것이다.

네트워크 마케팅은 기회인가 사기인가

"Network marketing gives people opportunities"
― Bill Clinton ―

　나는 2002년 연구년 휴가를 SUNY, Albany에서 보내기로 결정하고, 그곳에 와 있던 다른 한국인 교수에게 아파트를 알아봐 달라고 부탁하였다. 한 달쯤 지난 후 그 교수는 housing office로부터 세입자를 소개시켜 준 대가로 100불을 받았다고 전해왔다. 별것도 아닌 일이었지만 그것이 내가 사회연결망 구조에 관심을 갖게 된 직접적인 계기가 되었다.

　요즘은 우리나라도 별별 마케팅 기법들이 활용되고 있지만 그때는 그런 것이 없었다. 아파트 매매, 전세 등등 많은 거래를 해 보았지만 세입자를 소개해 줬다고 부동산중개업자로부터 단돈 얼마라도 받은 기억이 없다. 그래서 이러한 소개비 전략은 내게 신선한 충격이었다. 이러한 소개비 전략은 어떠한 효과가 있는가? 이는 기업에는 도움이 될 것 같은데 사회적으로도 바람직한가? 왜 우리나라에서는 잘 활용되고 있지 않은가? 항상 이러한 소개비 전략이 사용되는 것 같지는 않은데 어떤 경우에 특히 효과가 큰가? 적어도 이러한 기법은 경제학 교과서에서는 다루고 있지 않은데 이를 기존경제학의 도구로 설명할 수는 없을까?

이러한 질문들은 결국 "인적 연결망(human network)"이라는 두 단어로 귀착되었고, 이러한 소개비 전략의 본질은 인적 연결망의 활용에 있다는 것을 깨닫게 되었다. 즉 상품의 존재를 알리기 위해서 값비싼 광고비를 지출할 것이 아니라, 이미 깔려있는 인적 연결망이라는 소중한 사회적 자산을 활용한다면 저비용으로 광고와 유사한 효과를 얻을 수 있지 않겠는가? 이는 기업에도 도움이 될 뿐 아니라 소중한 사회적 자산을 활용한다는 점에서 사회적으로도 권장할만한 효율적인 마케팅전략이 아니겠는가?

이러한 인적 연결망을 활용한 마케팅 기법은 서구에서는 이미 1892년에 Sears로부터 찾아볼 수 있다. Sears-Roebuck의 창시자인 Robert Sears는 자신의 고객들에게 Sears의 카탈로그를 24명의 지인들에게 전해주는 대가로 무료구입 상품권으로 전환될 수 있는 포인트를 적립해 주기 시작하였다. 그리고 이러한 혁신적 마케팅의

덕에 Sears-Roebuck은 경쟁사인 Montgomery Ward를 앞설 수 있게 된다. 우리나라에서는 이러한 시스템이 정착하기 시작한 것이 불과 몇 년 안 된 것으로 아는데 이미 100년 전에 이런 생각을 하고 있었고 실제로 활용하고 있었다니 정말 놀라울 뿐이다. 하지만 서양인들이 100년 전부터 이러한 획기적인 아이디어를 활용하고 있었지만 이러한 기업전략에 대한 경제학적인 이론은 우리가 먼저 만들었다는 점에서 약간의 위안을 삼는다.

그러면 언제 이러한 소개비 전략이 효과가 있을까? 소개비 100불이라는 것은 아파트 입장에서는 추가적인 비용이다. 이러한 비용지출을 상회하는 가치가 있어야 한다. 예를 들어 외국으로부터 오는 방문교수들이 계속 1, 2년 사이에 입주했다가 나가는 이러한 대학 근처의 교수아파트는 소개비 전략이 딱 유효하다. 왜냐하면, 잠재적 소비자 집단 안에서 개별 소비자의 수요를 가장 잘 아는 것은 동료 교수들이지 housing office가 아니기 때문이다. 이러한 경우 소비자 간의 연결망은 매우 중요한 정보전달통로가 되며, 이 경우 소개비(referral fee)는 이러한 소비자 연결망이 최대로 활용될 수 있도록 기존 고객들에게 인센티브를 주는 기능을 할 것이다. 즉 아무리 동료 교수들이 아파트를 찾고 있다는 사실을 알고 있다 하더라도 소개비라는 보상이 없다면 그러한 정보를 housing office에 굳이 전달해 줄 이유는 없기 때문이다. 즉 소개비라는 추가적 비용을 지불하여 수요를 진작시키는 기업전략, 한 가지를 희생하여 두 가지를 얻는 전략, 이것이야말로 기업들이 추구해야 하는 창조적 기업전략이라 할 수 있을 것이다.

흔히들 사람들은 network marketing이라고 하면 다단계 판매나 피라미드 구조를 연상하기 쉽다. 물론 다단계 판매(multi-level marketing)나 pyramid marketing도 network marketing의 일종이다. Amway가 대표적인 예로서 Amway에 다니는 지인에게서 물건을 사보지 않은 사람이 거의 없을 정도이다. Tupperware는 인적 네트워크를 활용하고 있다는 점에서는 network marketing이라 할 수 있지만, 다단계는 아니고 single-level marketing이다. 피라미드 구조를 이용한 다단계 판매의 경우 도저히 거절할 수 없는 인간관계를 남용하여 주변의 지인들에게 막대한 부담과 피해를 준다는 지적이 옳을 수 있다. 그러나 우리 사회에 소중한 자원인 네트워크를 활용하여 우리의 이웃들에게 기회를 줄 수 있다는 본질은 여전히 사실이기에 이를 잘 활용한다면, 즉 부정적인 측면보다 긍정적인 측면을 잘 살리면 충분히 우리의 삶을 개선시킬 수 있는 잠재력이 있다. 따라서 미국에서도 다단계판매의 부정적 이미지에도 불구하고 네트워크 마케팅은 클린턴 행정부 때 합법화되었다.

후기

    2002년 Albany에서 이 논문을 쓰기 시작하여 2003년 서울대학교 학과 세미나와 2004년 극동계량경제학회에서 발표하였다. 2005년 고등과학원(KIAS)에서 이 논문을 발표하면서 물리학자인 김재완 박사로부터 small world network이라는 개념을 듣게 되었다. 현실의 사회연결망이 이러한 small world network의 특성을 갖는다면 경제학자들이 좋아하는 수학적 방법으로 분석하기 위해 지나치게 단순한 일차원 네트워크를 가정할 것이 아니라 현실에 가깝다는 small world network를 구현해 놓고 그 위에서 네트워크 마케팅을 모형화한다면 이는 정말 획기적인 연구가 될 것이라는 생각이 들었다. 이처럼 내가 구상하는 모형을 시뮬레이션하여 수치적(numerical) 결과를 도출하는 작업을 도와줄 사람으로 김재완 박사는 서울대 물리학과의 최무영 교수를 추천하였다.(김재완 박사 본인은 전공분야가 아니라며 이후 작업에 관여하지 않았다) 최무영 교수는 내 세미나에 들어와서 내용을 어느 정도 알고 있었지만 바쁜 일정으로 인하여 자신의 제자를 함께 이 작업에 합류시켜 작업을 완성하였다. 결국, 소개비를 이용한 네트워크 마케팅의 수학적 모형화와 이를 small world network에 확장하는 연구방향 모두 내가 처음 아이디어를 내서 기획하고 방향을 이끌어 온 작업이었다. 그런데 논문이 완성되자 마지막에 이 작업에 합류하여 시뮬레이션 부분을 담당한 어린 후배는 교신저자와 제1 저자에 모두 자기 이름을 올리고 내 눈치만 보고 있었다. 그 순간 두 가지 생각이 들었다. 그 시기는 우리나라에 황우석 사건으로 한참 떠들썩했던 때였다. 정말 우리나라 대학원에서는 지적재산권의 개념부터 가르쳐야 할 것 같았다. 우리나라 밖의 큰 세계와는 괴리된 채 대한민국이라는 아주 작은 세계에서 살면서 아직 세계에 알려지지 않은 국내의 아이디어를 자기 것으로 둔갑시켜 외국에 발표하면 팔자 고칠 수 있을 것이라는 생각을 하는 자들이 많다.(물론 당사자가 눈 감아 줘야 한다는 작은 위험부담이 있지만, 한국 사람들은 인지상정이라고 대개 눈감아 준다) 학문적 양심이 없는 것이 아니라 아예 개념조차 없는 것 같았다. 또 한 가지 생각은 솔로몬의 딜레마였다. 나에게 이 아이디어와 통찰력은 반드시 세상 밖으로 나와야 하는 중요한 작업이었다. 네트워크마케팅의 역사는 100년도 지났지만, 아직 어느 누구도 생각하지 못했던 중요한 문제였다. 내가 이 순간 이 후배의 말에 반대하고 대신 시뮬레이션을 해 줄 다른 공저자를 찾겠다고 하면 이 팀워크는 깨지고 논문 발표는 늦어질 것이다. 나에게는 이 아이디어가 빨리 세상 밖으로 나오는 것이 가장 중요한 일이었기에 제동을 걸지 않았다.

이 친구는 논문을 수정하는 과정에서도 말할 수 없을 정도의 무지와 편견을 드러내었다. 이 논문의 직접적인 모티브가 되었던 내 논문을 일방적으로 참고 문헌에서 빼지를 않나, 실제 논문 길이보다 더 긴 방대한 수정목록을 보내 주었음에도 불구하고 전혀 반영을 하지 않더니, 급기야 학술지에서 보내온 경제학자의(정확히는 경제학자로 추정되는 심사자) 공식적인 심사평에 대해서 마저 "별 이야기 아니다"라는 말 한마디로 무시해 버린다. 그때 한 가지 느꼈다. 다른 학문을 하는 사람과 같은 주제를 놓고 이야기를 할 때 서로를 이해하고 서로의 간극을 좁혀가려고 노력하는 사람이 있는 반면, 전혀 그렇지 않아서 벽창호처럼 말이 통하지 않는 사람도 있다는 것을. 내가 상대하고 있는 사람이 후자로 판명되면 더 이상 굳이 대화를 위한 노력을 할 필요가 없다. 소용없는 일임을 알기에 그것이 합리적 선택이다. 이러한 다른 학문에 대한 무지와 편견이 타 학문에 종사하는 사람들에게 주는 불편함이 여기서 끝나지 않을까 우려될 뿐이다.

한정판매에 대하여

2000년 여름 나는 루이비통 리미티드보다도 구하기 힘들다는 해리 포터 시리즈 중 "Goblet of Fire"를 조카에게 사 주기 위해, 출시되자마자 맨하탄의 Barnes and Noble을 찾았다가 이미 다 팔렸다는 답변만 들었다. 닌텐도가 1989년 Super Mario Brothers를 출시했을 때 게임 카트리지의 수량을 통제함으로써 고의적으로 초과수요를 유발시켰다는 것은 잘 알려진 사실이다. 여기서 "초과수요"라는 경제학 용어는 수요가 공급보다 많다는 뜻으로 사고 싶은 사람들이 다 사지 못 하는 상황을 의미한다. 사고 싶어도 못 사는 사람이 있는 것은 당연한 것이 아닌가라고 의아해하는 사람들이 있을지 모르지만 정상적인 경우라면 이런 일은 있을 수 없다. 왜냐하면, 현재의 가격에 사겠다는 사람들이 줄 서 있는 한, 기업은 더 만들어서 이들에게 좀 더 높은 가격에도 판매할 수 있고 그러면 더 많은 이윤을 창출할 것이기 때문이다. 결국, 가격은 점차 오르고 그 결과 수요는 감소하고 공급은 증가해서 초과수요는 소멸되도록 되어있다. 이것이 시장경제가 돌아가는 이치다. 즉 소비자들과 기업이 모두 합리적이라면 초과수요라든가 그래서 물건을 사기 위해 장사진을 이루는 일은 발생하지 않아야 한다는 것이 전통적인 경제학자들의 생각이었다.

그러나 해리포터나 닌텐도의 경우가 예외적인 것은 아닌 것 같다. 예를 들어 뉴올리언스의 K-Paul이라는 식당은 식당 밖에까지 줄 서가며 자기 순서를 기다리는 손님들로 유명하며 페라리나 스트라디바리우스 같은 고급브랜드의 명품들은 좀 더 많이 만들어서 큰돈을 버는 대신 한정판매를 고집하여 잠재적 구매자들을 애태운다. 이들이 비합리적이기 때문인가라는 의심을 할 필요도 없다. 이러한 한정판매의 예는 비일비재하기에 이들이 모두 비합리적이기 때문이라고 치부하기에는 무리가 있다. 분명 이처럼 잘 나가는 생산자들에게는 나름 합리적인 이유가 있을 것이다.

그 합리적 이유가 무엇인가에 대한 대답은 바로 위에서 찾을 수 있을 것이다. 구매자들을 애태우기 위해서. 그렇다고 이러한 전략이 모든 기업에 통하는 것은 아니다. 내가 아무 물건이나 한정판매를 하겠다고 아무리 광고를 해 봤자 아무도 애타지 않는다. 문제의 핵심은 정보이다. 궁금증이다. 해리포터가 나왔다는데 어떤 내용일지 궁금해해야 한다. 닌텐도에서 새로운 게임이 나왔다는데 얼마나 재미있을지 궁금해해야 한다. 홍대 앞 맛집 유메가 하루에 5개씩 한정판매를 한다는 찹쌀떡. 얼마나 맛있을지 궁금해해야 한다. 여행사들이 즐겨 사용하는 전략인 한정판매 여행 패키지. 이것도 얼마나 좋을지 궁금해서 사려고 해야 한다. 한정판매는 소비자들로 하여금 궁금해하게 만들고 그렇게 해서 수요를 진작시키는 효과를 노리는 것이다.

소비자들이 누구나 언제든지 살 수 있다고 생각하면 자기가 생각하는 가격이 될 때까지 기다렸다가 그 가격에 사려고 할 것이다. 그러나 적게 만들어서 못 살 수도 있다고 생각하면 가격이 낮아질 때까지 기다렸다가는 못 살 수 있기 때문에 현재의 가격에 그냥 사게 되는 것이다. 즉 10명의 잠재적 구매자가 있을 때 10개를 만들기보다 9개만 만들었을 때 좀 더 높은 가격에 판매하는 것이 가능해지고 그 결과 이윤을 높일 수 있다. 이것이 기업이 생각하는 합리적 이유이다. 이렇게 해서 일정 수량 이상은 생산하지 않는 닌텐도의 전략, 장사진을 이루는데도 가격을 인상하거나 좌석 수를 늘리지 않고 장사진을 방조하는 식당들의 전략을 이해할 수 있을 것이다.

단골의 경제학

단골고객을 우대해 줘야 할까 신규고객을 더 우대해 줘야 할까? 모든 기업이 늘 고민해야 하는 문제이다. 반대로 고객의 입장에서는 늘 같은 은행과 거래하는 것이 좋은가 아니면 새로운 은행과 거래를 트는 것이 좋은가?

2001년 위스컨신 대학교를 방문했을 때 즐겨 찾던 일식집이 있었다. 즐겨 찾는 정도가 아니라 다른 대안이 없어서 거의 매일 가다시피 했다. 매일 해가 지는 황혼 무렵에 찾아가 텅 빈 식당에 혼자 앉아 주문한 음식을 기다리면서 생각했다. 여기 주인은 나라는 고객을 상대로 어떤 품질의 음식을 공급하는 것이 합리적이라고 생각할까? 아마도 주인 역시 내가 다른 갈 곳이 없어서 늘 이곳을 온다고 생각할 것이고 그렇다면 품질을 약간 낮추더라도 다른 대안이 없는 나는 계속 이곳을 찾을 것이므로 힘들게 고품질을 유지하기보다 계속 품질을 낮추는 것이 합리적일 것이다. 이렇게 생각하니 갑자기 앉아 있기가 싫어졌다. 그렇다고 음식을 시켜 놓고 나가버릴 수도 없고, 나오는 음식의 품질을 보고 나서 다음에 또 올지 판단해야겠다고 생각했다. 실제로 나온 음식을 보니 종전보다 특별히 못 한 것은 없는 것 같았다.

식사를 하고 나오면서 생각했다. 실제로 단골고객에게 더 형편없는 서비스를 제공하는 기업은 거의 없는 것 같다. 그러면 이처럼 단골고객을 우대하는 이유는 무엇일까? 그들에 대한 고마움 외에 다른 어떤 요인이 있을까? 간단하게 생각하기 위해 내가 오늘과 내일 두 번 식당을 갈 기회가 있다고 하자. 단골식당은 이 고객에게 어떤 가격을 부를 것인가? 확실한 것은 이 고객이 두 번 모두 이 식당을 찾게 하기 위해서는 오늘의 가격보다 내일의 가격이 높아서는 안 된다. 이 고객이 이 식당에서 느끼는 효용을 v라 하고, 오늘과 내일의 가격을 각각 p_1, p_2라 할 때, 오늘의 가격을 $p_1 = v$로 정하면, 내일의 가격이 더 높으면 $p_2 > p_1 = v$가 되어 내일은 이 식당을 찾지 않을 것이기 때문이다. 따라서 단골고객을 두 번 모두 이 식당에 오도록 유인하기 위해서는 하락요금제를 이용해야 한다. 이는 바꾸어 말하면 내일의 서비스가 좋아져야 한다는 것을 의미하기도 한다. 이처럼 여러 번 이용하는 고객을 위해 가격을 계속 인하해 가는 가격 정책을 시간차 보조금 전략이라 부르고자 한다. 이는 마치 채찍과 당근전략(stick and carrot) 처럼 일단 채찍을 주고 이를 받아들인 자에게만 미래에는 달콤한 당근을 주겠다는 의도이다. 실제로 자기 식당을 이용할 때마다 point를 주거나 repeat purchase coupon을 발행하는 것이 바로 같은 이치이다. 따라서 단골고객을 우대하는 것 역시 합리적 선택이 될 수 있다.

침묵의 소리와 공허한 말

> 색(色)은 공(空)과 다르지 않고 공(空)이 색(色)과 다르지 않으며, 색(色)이 곧 공(空)이요 공(空)이 곧 색(色)이니, 수상행식(受想行識)도 그러하니라.
> – 마하반야바라밀다심경 –

침묵 속에도 소리가 있는가? 없는 것을 있다고 할 수 있는가? 또 있는 것을 없다고 할 수 있는가?

적어도 경제학의 세계에서는 그렇다. 쉽게 말해서 우리가 합리적으로 추론한다면 침묵 속에서도 소리를 들을 수 있고, 반대로 어떤 말이 아무런 의미도 담지 않을 수 있다.

예를 들어 민사분쟁이 발생했다고 하자. A라는 사람이 B라는 사람에게 피해를 입혔다고 하자. 이러한 법적 분쟁을 해결하는 방법은 두 가지가 있다. B가 A를 상대로 소송을 할 수도 있고, 서로 법정에 가지 않고 화해로 끝낼 수도 있다. 소송으로 가느냐 화해를 하느냐는 두 사람 간에 이 사건의 피해액, 승소확률을 포함한 전체 파이의 크기에 대한 인식의 차이가 얼마나 큰가에 달려 있다고 할 수 있다. 두 사람이 거의 같은 정보를 가지고 있다면 두 사람의 파이 크기에 대한 인식도 거의 같아서 쉽게 화해하고 끝날 수 있다. 그러나 정보의 차이가 크다면 가해자 A는 B에게 500만원만 주고 끝내려 하지만 B는 1000만원 이상을 고집하여 이러한 협상은 깨지게 되고 결국 법원의 힘을 빌릴 수밖에 없다.

사회의 관점에서 볼 때 모든 민사분쟁은 법정 밖에서 해결되면 가장 좋다. 왜냐하면, 막대한 소송비용을 절감할 수 있기 때문이다. 따라서 사법당국은 법적 당사자들 간에 소송 대신 화해를 장려하는 제도를 마련해야 한다. 그것이 어떻게 가능할 것인가? 위에서 말한 대로 서로 화해를 못 하는 근본적 이유는 정보의 비대칭성이다. 따라서 이러한 정보의 비대칭성을 최대한 줄이기 위해서 증거개시제도(pre-trial discovery)를 도입, 이용할 수 있다. 위의 예에서 B의 실제 피해액은 1000만원이라 하자. 그러나 A는 500만원 정도라고 믿고 있다. 만약 B가 자신의 피해액을 A에게 확신시킬 수만 있다면 A는 B의 1000만원 이상을 달라는 요구를 받아들일 것이다. 문제는 A가 B의 주장을 믿지 않는다는 것이다. 사실 A가 합리적인 사람이라면 믿을 이유가 없다. 왜냐하면 B는 화해액을 많이 받아내기 위하여 무조건 많이 다쳤다고 과장할 것이기 때문이다. 이러한 방법으로는 정보의 비대칭성이 해결되기 어렵고 이 경우 B로 하여금 증거를 개시하도록 하면 어떻게 될까? B가 1000만원의 피해가 발생했다고 말로만 주장할 것이 아니라 다소 비용이 들더라도 여기저기서 자신의 피해를 입증할 만한 증거를 가져오면 A는 믿을 수밖에 없을 것이다. 그런데 만약 B가 실제로 1000만원이 아닌 500만원 정도의 피해밖에 입지 않았다고 한다면 어떨까? 그는 1000만원 피해를 입증할 수 없기 때문에 침묵할 수밖에 없다. 여기서 침묵은 아무런 정보도 전달되지 않는 것이 아니고 그의 피해액이 500만원이라는 정보를 전달하는 소리인 것이다. 법률 세계에서도 "침묵의 소리"에 귀를 기울이는 것이 허용되는지 나는 법률가가 아니라 모르겠지만, 적어도 경제학자들은 "침묵의 소리"에 귀를 기울이고 침묵의 의미를 추론하기 위해 노력을 한다. 앞에서 언급했지만 '사기'가 성립하기 위해 반드시 어떤 명시적 거짓말이 있어야 하는가 아니면 의도적 침묵도 사기가 될 수 있는가에 대해 아마 법학자들과 경제학자들의 견해가 다르리라고 본다.

반대로 화려한 말은 있지만 실제로 아무런 정보도 전달되지 않는 경우도 있다. 공허한 말, 이를 경제학자들은 옹알이(babbling)라고 한다. 예를 들어 앞의 예에서 B가 자신의 피해액을 당장 입증할 방법이 없다고 하자. B가 할 수 있는 최선은 자기가 1000만원의 피해를 입었다는 사실을 계속 반복하는 수밖에 다른 방법은 없다. A는 이 말을 믿을 이유가 있을까? 믿을 이유가 전혀 없다. 왜냐하면 B는 실제로 500만원의 피해를 입었다 하더라도 똑같이 1000만원의 피해를 입었다고 주장할 것이기 때문에 피해액이 1000만원이라는 B의 주장은 아무런 정보도 주지 못하는 옹알이일 뿐이다. 이처럼 A와 B의 이해관계가 완전히 상반되는 경우에는 어떠한 말도 옹알이가 된다. 이런 상황에서 상대가 아무리 그럴싸하게 말해도 이를 믿는 사람은 비합리적인 사람이다. 이처럼 이해관계가 상반되는 게임을 제로섬게임이라고 한다. B의 이득은 항상 A의 손실이 되는 그러한 게임이다. 서로 win-win 하는 경우는 없다. 그러나 A, B의 이해관계가 합치한다면 말은 더 이상 옹알이가 아닐 수 있다. 예를 들어 어머니가 초등학생 아이를 데리고 백화점에 간다고 하자. 손님이 너무 많아 아이를 잃어버릴지도 모르겠다고 생각한 어머니가 아이에게 "만약 내 손을 놓쳐서 나를 잃어버리면 무조건 1층 분수대 앞에서 기다리고 있거라"라고 말했다고 하자. 이 아이는 이 말을 믿을 이유가 있을까? 당연히 믿을 이유가 있다. 왜냐하면, 이 두 사람의 이해관계가 정확히 일치하기 때문이다. 두 사람 모두 서로 만나는 것이 목표이다. 따라서 이 말은 중요한 정보를 전달하고, 아이는 이 말이 담고 있는 메시지를 믿을 것이다. 만약 이 아이가 어머니와 숨바꼭질을 하고 있다고 착각을 한다면 물론 어머니의 말을 믿을 이유가 없어진다. 합리적인 아이라면 제로섬 게임을 하고 있음을 알 테니까.

저/자/약/력

김 정 유

1984년 서울대학교 경제학과 졸업(경제학 학사)
1985년 University of Michigan, Ann Arbor 졸업(경제학 석사)
1992년 Stanford University 졸업(경제학 박사)
정보통신정책연구원 책임연구원
홍익대학교 조교수
동국대학교 부교수
일본 국립정책대학원(GRIPS) 조교수
현재 경희대학교 교수
2007년 중앙일보 전국대학평가(경제학과) 논문왕 선정
2010년 위공 법경제학상 수상

합리적 선택

초판 1쇄 인쇄 2015년 12월 24일
초판 1쇄 발행 2015년 12월 30일

지은이 : 김 정 유
발행인 : 이 낙 용

펴낸곳 : 도서출판 범한
등 록 : 1995년 10월 12일(제2-2056)
주 소 : 04034 서울시 마포구 월드컵로8길 72-5 2층
전 화 : (02)2278-6195
팩 스 : (02)2268-9167
메 일 : bumhanp@hanmail.net
홈페이지 : www.bumhanp.com

정가 13,000원   ISBN 979-11-5596-083-7 93320

* 잘못 만들어진 책은 구입하신 곳에서 바꾸어 드립니다.
  이 책의 무단 전재 또는 복제 행위는 저작권법에 의거, 5년 이하의 징역 또는 5,000만 원 이하의 벌금에 처하게 됩니다.
* 저자와의 합의하에 인지는 생략함